ŒUVRES POÉTIQUES

DU MARQUIS

DE VALORI.

PARIS, DE L'IMPRIMERIE DE PILLET AINÉ,
Rue des Grands-Augustins, n. 7.

ŒUVRES POÉTIQUES

DU MARQUIS

DE VALORI.

A PARIS,

CHEZ PILLET AINÉ, IMPRIMEUR DU ROI,
ÉDITEUR DU VOYAGE AUTOUR DU MONDE,
De la Collection des Mœurs françaises, anglaises, espagnoles, etc.,
RUE DES GRANDS-AUGUSTINS, N° 7.

—

1830.

DE LA POÉSIE LYRIQUE,

CHEZ LES ANCIENS ET LES MODERNES [1].

Le *Mens Divinior* d'Horace est le caractère distinctif de la poésie lyrique ; sans ce don naturel de l'imagination, le poète n'est qu'un versificateur plus ou moins heureux. Le délire de la fièvre n'est pas l'enthousiasme de la pensée, l'affectation de la mélancolie, le rêve naïf du sentiment, enfin les ambitieuses innovations d'un style barbare, appelé de nos jours *Romantique*, n'ont rien de commun avec l'atticisme, et encore moins avec le sublime du langage.

L'on est étonné qu'à l'exception des trois dissertations de Gravina, des abbés Massieu et Fraguier, il ne se trouve, dans les archives de l'érudition, aucune histoire complète de la poésie lyrique : que, depuis deux siècles, l'on n'ait recueilli que dans quelques traductions infidèles et écrites en pauvre

---

[1] Ce précis est extrait d'un travail beaucoup plus étendu, adressé dans le tems (en 1819) à mon honorable et excellent ami, feu M. Joubert aîné.

latin, ces vénérables reliques de la lyre des Grecs, éparses çà et là dans Athénée, Suidas, Stobée, Ephestion, etc., surtout si long-tems après que Pomponius, Le Pogge, Erasme, Budée, ces numismates de l'antiquité poétique, les avaient exhumées de la poussière des bibliothèques monacales.

N'est-ce pas en effet dans une excursion sur le domaine de l'érudition, que l'on apprend à méditer sur les beautés des premiers législateurs-poètes? Soit que, dans quelques fragmens d'Orphée, on puisse découvrir les dogmes d'une religion puisée chez les Egyptiens, et reconnaître, dans l'allégorie des arbres et des rochers qu'enchantaient ses accords, cette harmonie qui civilisa le Thrace indompté, c'est avec le P. Thomassin que l'on apprend, par une érudition combinée, la manière d'étudier chrétiennement les poètes.

Linus de Chalcis, le prince des Hymnographes, nous enseigne dans ces chants gnomiques, échappés au torrent des âges, les secrets de l'initiation; écoutons-le : « Retirez votre esprit sur lui-même, dit-il, » tendez-en tous les ressorts, introduisez par votre » ouïe mes paroles dans votre cœur, et unissez bien » la route que je vous trace; elle est vraie sur toutes » les vôtres; ne faites tort à personne; ne croyez pas » à tous ces sortiléges fantastiques, etc. » Voilà cependant celui qu'un disciple farouche terrassa sous les coups de sa lyre. Virgile a honoré, dans ses *Bucoliques*, le pontife qui avait apporté, de la Phénicie au pays des Héliconiens, les lettres dont il fut l'oracle. Dans l'hymne d'Arion à Neptune, ne prend-on pas déjà l'idée de cette douce mélancolie, de cette mélodieuse versification, caractère distinctif des anciens lyriques? Il fut l'un de ceux qui perfectionnèrent la cithare grecque, et les lois de l'harmonie. Une tradition, moins fabuleuse qu'on ne le croit, nous apprend que ce fameux citharède de Méthymne, revenant de la Grèce en Sicile, chargé des bienfaits de Périandre, fut dépouillé par des matelots qui le jetèrent dans la mer. Avec quelle sensibilité ne déplore-t-il pas cette infortune dans son invocation au dieu du Trident?

L'on peut admirer la simplicité de la pensée, embellie des charmes du dialecte Dorien, dans les vers du vorace Alcman, célèbre par ses amours avec la belle Mégalostrate, dont il était épris non moins que du brouet lacédémonien, qu'il chante ainsi dans le mètre iambique : « Je te promets, dit-il à
» lui-même, ce beau vase qui ressemble au fameux
» trépied dont Agamemnon fit présent à Achille.
» Pour te plaire, je remplirai ce vase, vierge encore
» du feu, de ce brouet noir dont Alcman se délecte

» aux solstices ; c'est le mets qu'Alcman préfère ; » car il est, comme le peuple, insensible au goût » d'une chair délicate. » Cet Alcman fut le père des poètes érotiques : il affichait le cynisme dans toutes ses actions ; ses excès le conduisirent au tombeau ; il mourut cent ans avant Cyrus. Après lui, vous accordez vos hommages au lyrique d'Himère, à Tisias, dit *Stésichore*, dont la probité était tellement célèbre comme son génie, que l'on disait proverbialement : « *Il n'y a pas trois Stésichores* ». Son coloris est séduisant. Observateur attentif des charmes de la nature, il aime à les peindre : tantôt il décrit le soleil s'embarquant dans une coupe d'or pour aller rejoindre Æthra, sa mère ; tantôt, si j'en crois Gambara, il chante la ruine d'Ilion et la chasse du sanglier. Ce poète sicilien sut donner à la poésie lyrique le ton de l'épopée. Il mourut à Catane, dont une porte a pris, de son nom, celui de *Stésichorée*.

Nous sommes arrivés à l'époque où florissait le terrible ennemi de Lycambe ; la rage était la muse qui l'inspirait. C'est à tort que bien des gens ont été persuadés, d'après le vers d'Horace, qu'on lui devait le vers Iambe. Sous sa plume, la langue hellénique prit une concision et une énergie remarquables. Il est à regretter que ce génie acerbe ait déshonoré son talent, en dévoilant le secret des belles de Paros; il fut victime de sa langue pernicieuse; et c'est en faisant allusion à cette triste fin qu'Ovide s'écrie :

« *Utque repertori nocuit pugnacis iambi,*
» *Sic sit in exitium lingua proterva tuum.* »
(*In Ib.* 524.)

à peu près au tems d'Archiloque, où les fastes de la lyre présentent des progrès sensibles et de véritables triomphes. Quel admirateur de l'antiquité n'a point apprécié l'enthousiasme des chants guerriers de Tyrtée, poète et soldat! C'est lui qui, le premier, lorsque Amphion eut encouragé et hâté par la douceur de ses concerts la fondation de Thèbes, c'est lui qui fit servir la poésie lyrique à la gloire des armées athéniennes. Avant lui, les philosophes s'appliquaient principalement à développer le système de l'univers et de l'astronomie. Avec lui, les sept sages, dont il fut contemporain, abandonnèrent les spéculations sublimes, pour se livrer à la morale. Voilà pourquoi Cicéron disait qu'ils avaient fait descendre la philosophie du ciel sur la terre. Tyrtée prêta à cette sagesse les charmes de l'harmonie; c'est lui qui inventa le vers pentamètre, si convenable à l'élégie.

Tout à coup paraît l'implacable ennemi des Pittacus, Alcée de Mytilène, le précurseur de Pindare, l'Horace des Grecs. On le retrouve facilement dans quelques pièces tronquées, qui ont échappé aux ravages du tems. Sa valeur n'égalait point son talent poétique; et il est plaisant de voir celui qui, comme le protégé d'Auguste et de Mécène, jeta son bouclier au milieu d'une bataille, dire : « Ma » maison étincelle de l'éclat de l'airain; le fronton » en est décoré des glorieux trophées de Mars, » de casques radieux, surmontés de panaches de » crinières blanches qui se balancent, ornement » digne du noble front d'un homme; des cothur- » nes brillans à l'épreuve du javelot, y sont ap- » pendus à des pointes invisibles; on y voit des » chlamydes tissues de lin, des boucliers con- » caves, dispersés çà et là. Auprès des glaives de » Chalcis, des banderoles guerrières, des cuirasses » qu'il ne faut pas négliger, car c'est la première » pièce de l'armure pour voler au combat. » Alcée apprit à la lyre grecque à imiter les sons de la trompette héroïque. « Il mérite bien, dit Quintilien, » dans ses *Institutions*, le *plectre* d'or que lui » donne Horace, lorsque animée d'un noble cour- » roux, son ame altière et superbe invective les » tyrans. Son style est riche, serré, magnifique :

» souvent il égale Homère ». C'est à ce poète, dont Horace a imité presque toutes les odes bachiques, qu'est due l'invention du *Pæan*, espèce de chant de victoire que l'on récitait tour à tour, en se passant une branche de myrte.

Au neuvième âge de la Grèce la poésie législatrice avait dompté, épuré même les mœurs sauvages des peuples. Leur premier code était poétique, exemple presque universel chez toutes les nations. Les sages Athéniens étaient persuadés que la musique inspirait la vertu par la sagesse, et qu'ainsi elle épurait les mœurs. On lisait cette inscription sur le portique de Pythagore, auteur des VERS D'OR : *Loin d'ici, profanes! que personne ne porte ici ses pas, s'il ignore l'harmonie!* « L'harmonie est céleste, dit » Aristote cité par Plutarque ; la nature est divine, » pleine d'une beauté qui ravit l'ame et l'élève au- » dessus de sa condition! » Les philosophes, les rois, par son influence, gravaient dans les cœurs le type du beau, le respect des dieux et l'amour de la patrie. Voulez-vous connaître combien la mélodie et la sublimité de la religion ajoutent de charmes à la poésie ? Lisez ce passage de l'évêque d'Hippone :

« Je ne puis trop approuver les chants dont re- » tentissent nos temples. Par ces augustes accords, » je me sens vivement ému, pénétré de cette hor-

» reur sacrée qu'inspire la demeure de Dieu, frappé
» d'un respect profond, saisi d'une sainte ivresse ;
» nouveau Paul, je suis dans les cieux ; mon esprit
» est enlevé au-dessus de lui-même ; il se croit ad-
» mis aux concerts éternels des intelligences suprê-
» mes, et mon cœur embrasé va se perdre dans le
» sein de la Divinité. »

Dans un intervalle de dix olympiades, la poésie lyrique se subdivisa en plusieurs genres : les fêtes de Gnide, les orgies du Cythéron, les Panathénées, une foule d'autres solennités, différentes dans le caractère de leur pompe religieuse, indiquèrent le goût qui leur était propre. La religion, la morale, la politique, avaient eu leurs chantres privilégiés ; mais la volupté attendait encore son poète. Anacréon parut, destiné à célébrer, sous le beau climat de l'Archipel, cette beauté dont le sourire l'enivra jusqu'à près de cent ans. Le front couronné de myrte, la main armée d'une coupe remplie du nectar de Téos, il s'avance vers le vieil Hélicon, au milieu des applaudissemens de ses contemporains. Ses vers respirent la douce indolence de sa vie ; sa gaîté ravissante lui soumet tous les cœurs, et, entraîné par le Tems dans les chœurs des Grâces qui dansent autour de lui, il s'endort dans l'immortalité des plaisirs. Autour de ce patriarche des amours, comme l'appelle Gresset, se groupent les neuf muses de la Grèce, Myrti, Nosside, Corinne, Myro, Anyte, Erynne, Praxille, Télezille et Sapho (1).

Je ne parlerai point de Sapho ; tout le monde sait par cœur les fragmens qui nous restent de cette martyre de l'amour. La traduction de Boileau, et une foule d'autres fort élégantes, entre autres celle de M. Egerton, en anglais, me défendent toute imitation. Il n'en est pas de même de sa rivale Erynne, dont l'on ne connaît point le bel *Hymne à la Force*, qu'une foule d'interprétateurs veulent être adressé à Rome, par la double acception du mot grec Ῥώμη. Ces neuf muses chantent les travaux de Minerve et les triomphes de l'Amour. Avant elles, Ibycus de Reggio, inventeur d'un instrument appelé *sambuca*, ou lyre triangulaire, avait composé des odes érotiques, où il employait avec art plusieurs mètres inusités. On sait quelle fut sa triste fin, seulement par la citation du proverbe Lydien sur les grues : *Voilà les vengeurs d'Ibycus !*

---

(1) Voici le madrigal qu'a composé sur elles Méléagre :

« Si le ciel compte neuf Muses, la terre s'honore aussi d'en
» adorer un même nombre. La Grèce les réunit à elle seule.
» A côté de Pindare, l'Apollon Thébain, s'élèvent Corinne, qui
» peignit le bouclier de Pallas ; Sapho, Erynne, sa rivale, etc.
» Ainsi la Grèce a son Parnasse comme le ciel. »

La lyre des Grecs n'avait point encore exprimé les effets touchans de la mélancolie, ni préludé à l'élégie, lorsque Simonide de Céos vint étonner son siècle. Ce grand poète, qui avait non seulement ajouté quatre lettres à l'alphabet, mais qui fut encore le créateur de la mémoire artificielle, sut admirablement marier tous les dialectes; et, par cet art précieux, en perfectionna la mélopée. Aussi est-ce à juste titre que Platon l'a surnommé *le divin.* Il avait aussi reçu de ses concitoyens celui de *Mélicerie,* c'est-à-dire *doux comme miel,* par allusion à la douceur, qui était l'ame de ses ouvrages. Ce lyrique, dont Catulle caractérise le génie sentimental par cette locution : *Mœstius lacrumis Simonideis,* composa deux poëmes sur les batailles de Marathon et de Salamine; ce qui prouve la grande flexibilité de son talent. Hiéron le combla d'honneurs et de présens. On connaît ses réponses pleines de sagesse à ce grand roi, dont il était l'oracle et le favori. La Fontaine a tiré d'une anecdote, citée par Quintilien, une fable sur les Dioscures, dont Simonide est le héros; fable qui prouve quelle vénération lui portaient ses disciples, et même ses rivaux. Il mourut centenaire, et la postérité n'a conservé de ses nombreux ouvrages que quelques fragmens, entre autres une satire contre les femmes, laquelle, bien qu'elle prouve contre sa galanterie, n'en détruit pas moins le système de ceux qui, comme Casaubon, veulent que les Grecs ne connussent point la satire dite *Lucilienne*. Le fragment le plus beau de ses hymnes, celui qui caractérise le mieux ce génie du sentiment que l'antiquité lui accorde, est le récit de Danaë, exposée sur la mer, au milieu d'une tempête, avec son jeune fils. Nous le devons à Denys d'Halycarnasse, dans son traité de l'*Arrangement des mots*.

Je pourrais encore parler de Timothée, musicien d'Alexandre, dont il ne reste que trois ou quatre vers sur la manière dont un Cyclope mélange son vin : d'Hybrias de Crète, de Mélanippide de Rhodes, de Téleste ; de l'hymne d'Aristote à la vertu, et des *Hymnes* de Callimaque ; mais je suis impatient de me prosterner devant le prince des lyriques grecs : devant Pindare.

Je ne puis le nommer, sans établir quelques rapprochemens entre ce grand homme, Horace, et notre Rousseau ? Le père du Béotien était un esclave, joueur de flûte ; celui du Romain, un percepteur des deniers publics ; le Français était fils d'un cordonnier. Tous les trois florissaient dans des tems malheureux : Pindare, lors des révolutions fatales à Thèbes ; Horace, à l'époque de la chute de la république romaine ; et Rousseau, au déclin du grand siècle.

La poésie lyrique chez les Romains ne présente pas un tableau aussi vaste et aussi complet que celle des Grecs. Nous ne parlerons point des chants lyriques appelés *Saliens*, du nom des jeux institués par Numa, dont il ne reste que quelques vieilles expressions, recueillies par M. T. Varron, *de Linguâ latinâ*; non plus que de plusieurs hymnes anciens, chantés dans les fêtes romaines. Après Horace, le seul qui lutte heureusement avec les Grecs, peu de poètes latins se présentent dans cette carrière périlleuse. Catulle toutefois est leur Malherbe, mais il brille plus particulièrement dans l'ode érotique ; ses hendécasyllabes ont une cadence rapide et légère ; il est précis, ingénieux ; il ne s'élève à la hauteur de l'ode pindarique et des hymnes d'Homère que dans ses Epithalames de *Manlius*, de *Thétis et Pélée* : c'est là qu'il ne laisse rien regretter ni chez ses devanciers, ni dans ses contemporains, pour la force des images. Dans le dernier poëme, il est évidemment d'une grande supériorité au genre lui-même : Virgile n'a point dédaigné d'imiter, dans son épopée, les plaintes touchantes de son Ariane, trahie à Naxos, comme Didon à Carthage.

Après Catulle et Horace, l'on peut citer avec

honneur Cornélius Gallus, plus célèbre encore dans la poésie élégiaque; mais les Latins ont dû le ranger parmi les anacréontiques, s'il est vrai, comme le pensent Wernsdorff et le P. Bouhiers, qu'il soit l'auteur de l'ode charmante :

> Lydia, bella puella, candida, etc.

Bassus et Avienus, dont les vers nous sont inconnus, furent ses rivaux. Domitien, ayant institué les jeux Capitolins, à l'instar des Olympiques, se proposa de couronner les poésies qui méritaient la palme. A cette époque, parut un poète inférieur en mérite aux trois précédens, mais qui cependant a des grâces naturelles, une latinité élégante.

C'est Vestricius Spurinna, qui nous a laissé quatre odes : la première, sur le *mépris du siècle;* la seconde, sur *l'honnête pauvreté;* la troisième, sur *un studieux loisir;* la quatrième, n'est qu'un fragment *sur les dissentions civiles.*

Stace, qui vient après lui, a moins de naturel; son latin, tout correct qu'il est, n'a plus le coloris du beau siècle; il ne laisse pas toutefois de charmer encore par son imagination et le choix de ses idées. Il suit les pas d'Horace avec une rare fidélité dans cette ode des Sylves :

Parvi beatus ruris honoribus,
Qua prisca Teucros Alba colit arces, etc.

Dans celle-ci, qui est saphique, adressée à M. Junius, il vole de ses propres ailes :

Jam diu lato spatiata campo, etc.

Le génie lyrique tombe sensiblement depuis Stace. Firmianus Symposius, le plus près de lui, composa deux pièces, dont l'une sur la *Fortune*, et l'autre sur *l'Envie*, où il ne manque pas de philosophie ; mais l'harmonie s'y fait trop désirer. Palladius et Ausone ferment la marche des poètes lyriques latins.

Je ne parlerai point des Français qui, depuis François Ier, ont écrit dans cette langue : autant qu'il est permis de le soupçonner, on serait tenté de croire qu'après les poésies sacrées du moyen âge, et celles des La Rue, des Commire, etc., les hymnes de Santeul ont une couleur *horatienne*. Ce n'est que sur le style traditionnel qu'on peut douter de la perfection de ses odes : car pour la force, l'abondance et l'élévation de ses idées, il est inimitable : on croirait entendre Horace chrétien.

Long-tems avant qu'il parût, la poésie lyrique florissait en France. Le vieux Antoine Baïf, né à

Venise en 1532, collaborateur de Ronsard, avait préludé par un galimatias dithyrambique *hellénisé* d'une manière pitoyable. Cependant son imitation des fameuses stances de l'Arioste : *la Verginella è simile a la rosa*, est naturellement versifiée. Joachim du Bellay, Remi Belleau, Jean Bertaut, premier aumônier de Catherine de Médicis ; Adrien de Montluc, Desportes, le cardinal du Perron, fameux par ces stances : *Sortez de mon esprit*, etc. ; Pierre de Loyer, Jean de Lingendes, Antoine Ferrand, ancêtre du savant auteur de l'*Esprit de l'histoire* ; Lafarre, Louis Fuselier et Étienne de la Maisonfleur ; voilà quel est le cortége lyrique qui précède notre Malherbe, né à Caen en 1556, poète et guerrier, comme Tyrtée. Le plus bel hommage que je puisse rendre à sa mémoire, à son cœur et à son génie, est dans ce paragraphe de son Éloge par Godeau, évêque de Vence :

« Malherbe, l'honneur de son siècle, les délices
» des rois, l'amour des Muses, et l'un de leurs
» plus accomplis chefs-d'œuvre, est l'auteur de
» ces odes. Retirez-vous, profanes ! chaque ligne
» est sacrée ; vous n'y pouvez porter la main sans
» commettre un sacrilége. Orgueilleux esprits, qui
» ne laissez jamais votre humeur critique, si ce
» n'est pour lire les ouvrages de votre façon,

» changez vos injures en louanges; et si vous ne
» l'honorez pas assez pour consacrer des temples
» à sa mémoire, au moins respectez ceux que les
» autres entreprennent de lui bâtir, et ne les em-
» pêchez pas d'y travailler. »

On voit que Malherbe eut beaucoup d'envieux, par conséquent de détracteurs; mais il en triompha comme l'Hercule antique. La poésie avant lui était incorrecte et son style hérissé d'*archaïsmes*; la licence était au comble. *Enfin Malherbe vint*, comme dit Boileau, et la politesse du langage avec lui. Son style vieillit, son génie ne *chancit* pas. La variété de ses mètres, la souplesse de son style, son goût pour le tems où il vivait, lui ont mérité l'admiration de son siècle; et sans doute qu'après la lecture de ses trois paraphrases des psaumes qui commencent ainsi :

O sagesse éternelle à qui cet univers, etc.

Les funestes complots des ames forcenées, etc.

N'espérons plus, mon ame, aux promesses du monde, etc.

après la lecture de son *Imitation du Tansille*, de son ode *à Louis XIII, allant châtier les Roche-lois*, où le poète, avec un art merveilleux, fait entrer l'éloge du cardinal de Richelieu ; les stances à du Perrier, les strophes pindariques sur l'assassinat de Henri IV, son sonnet à ce prince, enfin le récit d'un berger au ballet de Madame, princesse d'Espagne : *Houlette de Louis, Houlette de Marie*, etc., il faudrait être bien injuste pour ne pas convenir que Malherbe marche de pair avec Horace, et que Rousseau, malgré la correction d'un style perfectionné à l'école de Despréaux, trouve encore dans son vieux maître un athlète redoutable.

La poésie des anciens est sans doute fort supérieure à la nôtre ; je me figure l'une sous les traits de l'Hercule antique, et l'autre sous l'image de la Vénus du Bernin. La majesté, la force, caractérisent la première ; l'élégance et la grâce sont les attributs de la seconde. Il faut rejeter sur l'oubli des grands modèles le peu de progrès qu'a fait en France la poésie lyrique depuis Rousseau. Quelques écrivains, épris des ornemens frivoles, ont efféminé le goût de la nation. L'œil, accoutumé à se promener sur des objets rians, n'a plus la force de soutenir l'appareil de la grandeur. Une politesse maniérée a énervé nos mœurs et nos écrits, qui préfèrent au génie brut des agrémens faciles à trouver, en ce qu'ils ne demandent que du choix. Ce goût est si accrédité depuis La Motte, qu'offrir aux Français des peintures lyriques, c'est-à-dire pleines de verve, c'est présenter à des sybarites couchés sur des lits de roses les javelots des soldats de Tyrtée.

Le Brun qui se crut le dieu de l'ode, et voulut être notre Alcée, Le Brun, dis-je, a singulièrement nui à ce beau genre par une hardiesse d'expressions qui rend son style souvent obscur, et à laquelle il a sacrifié la justesse de la pensée. Toutefois il sert de modèle dans quelques-unes de ses odes, comme celles *à Buffon*, *au jeune Racine*, et *sur les paysages*, où les images sont brillantes, et le tour, *felicissimè audax*. Avec ces avantages qui le rendent supérieur à tous les lauréats des jeux floraux, il pouvait, en évitant la prétention des mots qu'il allie presque toujours bizarrement, se placer bien près de J.-B. Rousseau, qu'il défie à l'épigramme. L'école singulière dont il est le maître dans l'ode, loin de faire des prosélytes, a dégoûté les poètes qui, en France, auraient pu s'y faire un grand nom.

Le climat a beaucoup d'influence sur l'imagination; il est, pour ainsi dire, le thermomètre, indicateur des degrés du talent; or, le Français, placé sous un ciel tempéré, n'enfantera point, il est vrai, de ces images gigantesques comme les statues hiéroglyphiques des Egyptiens, ou d'une naïveté souvent grotesque comme celles des Chinois; il ne donnera point non plus toute son attention à décrire minutieusement tous les objets, comme ce peintre hollandais qui restait deux mois à perfectionner, victime de sa patience, une crinière de cheval ; il ne sera point saisi de ce délire forcené, qui est plutôt le marasme, que le feu de l'imagination. La vivacité, l'enthousiasme, indispensables dans l'ode, entrent dans le caractère français. La délicatesse de ses fibres, son tempérament pour les plaisirs, son ame ardente et facile aux plus vives impressions, sont la meilleure preuve que je puisse donner de sa vocation à un genre pour lequel il faut être né, si l'on veut y réussir. Je dirai donc, avec Montesquieu, que, *comme on distingue les climats par les degrés de latitude, on pourrait les distinguer, pour ainsi dire, par les degrés de sensibilité*. Telle est la puissance motrice qui, sous la touche des Français, anime et embellit l'imitation de la nature dans les arts. Je pourrais assigner encore d'autres causes au talent du Français pour l'ode. Entouré de monumens qui portent l'empreinte de la magnificence et de la grandeur, il ne peut que s'élever à la hauteur des merveilles de son pays. Le souvenir des victoires est fait pour exalter son ame, comme les marbres et les palais de Thèbes, les fêtes de Python et les triomphes d'Elée inspiraient le successeur d'Amphion. S'il ne peut, comme Linus et Orphée, composer des lois faites pour être chantées sur un luth législateur, ne peut-il célébrer celles que créa la sagesse de ses rois ? ne peut-il rivaliser, surpasser peut-être Anacréon, à l'aspect des femmes aussi belles qu'aimables, dont il se voit entouré ? Ces succès sont promis au Français dans la poésie lyrique, qui accorde à la patrie de Racine, de Quinault et de Rousseau, la palme sur les nations modernes.

Les Anglais pourraient-ils nous disputer la prééminence ? leurs plus belles odes sont les deux, composées par Pope et Dryden, sur sainte Cécile ; encore celle du dernier l'emporte-t-elle de beaucoup, de l'avis même de leurs compatriotes, sur celle du premier, tant pour la force des pensées, la flexibilité du mètre, que pour l'harmonie imitative. En général, nos voisins n'ont pas imprimé à leurs ouvrages la fierté rêveuse de leur caractère. Ils amusent l'esprit, lorsqu'ils devraient intéresser le cœur ou donner l'essor à leur imagination.

Les Allemands, connus depuis cent ans à peine dans la littérature poétique, peuvent avoir la prétention de placer, à côté de Milton, Klopstock qui peint avec tant de force le déicide ; mais ils n'ont rien de mieux à faire que d'opposer Haller et Kleist à tous les auteurs anglais qui se sont consacrés à l'ode, en exceptant toutefois lord Byron, l'un des modernes qui, peut-être, aurait pu leur servir de modèle, si son imagination ne se perdait quelquefois dans les brouillards de la Calédonie ; et si, comme certains peuples sauvages, sa muse ne chargeait son cou de perles baroques. L'ode de Haller, sur les Alpes, est semée de beautés du premier ordre, et des plus minutieux détails. N'est-on pas choqué d'y voir une véritable Flore transalpine, les procédés économiques sur la façon de préparer le lait, etc. ; toutes observations qui paraissent hors d'œuvre et même puériles dans un sujet aussi imposant. Les Allemands, à part quelques beautés qui leur sont particulières, jaloux de peindre la nature dans son berceau, ne mettent pas assez de choix dans les nuances qu'ils saisissent. Ils croient peindre, parce qu'ils chargent la même idée de couleurs différentes. Ils s'efforcent, pour embellir leur sujet, de le couvrir d'ornemens, comme ces prétentieuses qui, pour briller les jours de fêtes, se chargent d'un attirail de bijoux qui jure avec des appas communs. On ne peut pas avancer que l'inconstance de la langue germanique s'oppose au jugement et au goût de ces peuples. Ils ont une langue d'autant plus flexible et abondante qu'elle n'est point fixée, et conséquemment le néologisme en est le défaut capital.

ce qui, dans la nôtre aurait un caractère de pauvreté au point de n'en faire qu'un jargon. Toutefois si leurs pensées dans la poésie lyrique étaient à cette hauteur qu'exige le genre, malgré l'indigence ou la surabondance de l'expression, elles n'en seraient pas moins admirables. Le mot n'est rien : jugeons-en dans les traductions. Un passage vraiment éloquent l'est encore, quoique bassement traduit. Les endroits sublimes d'Homère plaisent encore dans le style de Mme Dacier ; et la véritable beauté, indépendante de l'art, qui souvent l'épure ou l'altère, plaît toujours, de quelque ornement qu'on veuille la revêtir.

Les Italiens auraient pu donner un nouvel essor à la poésie lyrique ; mais le bel esprit règne toujours dans leurs écrits, et leurs odes ne sont que des stances, où ils errent autour de leur sujet comme les arboribonzes du Japon autour de leur idole. Leurs poètes modernes se sont traînés servilement sur les pas de Pétrarque ; aussi leurs stances ne sont que de chétives et froides copies de ses sonnets et de son *Canzoniere*. Il a toujours été en si grande vénération chez eux, que l'on n'a jamais osé employer une locution ni les termes dont il ne s'est point servi, comme les latinistes des XVe et XVIe siècles qui croyaient être aussi éloquens que Cicéron, en lui dérobant ses tournures et même ses expressions ; Érasme a beaucoup plaisanté ces faussaires maladroits dans son *Ciceronianus*. L'amant de Laure fut le père de l'école lyrique de l'Italie, et ses disciples ont sacrifié toute la richesse de leur langue à la vaine manie de calquer son style. Pepoli n'est point exempt du même reproche ; Métastase et le fameux Cesarotti sont également tombés dans le même défaut. Le seul Chiabrera osa s'affranchir du joug de cette imitation prétentieuse, et s'éleva sans guide au séjour de la foudre, comme *ce roi des oiseaux qui veille perché sur le sceptre de Jupiter; comme cet aigle de Pindare, qui séduit par les molles ondulations de l'harmonie, ferme ses paupières, et sur son dos voûté laisse pencher ses ailes*. Ce poète, sur lequel l'abbé Arnaud a donné, dans le *Journal Étranger*, une notice pleine d'intérêt, approche quelquefois de notre Rousseau. Rien de plus animé, de plus hardi que son ode adressée à un prince de la maison de Lorraine. Avec quel mâle coloris ne peint-il pas la chute des Titans, Apollon s'élançant sur le Parnasse et commandant aux Muses, qui dansent autour de lui, de consacrer la gloire des mortels, tandis qu'il va chanter les triomphes de Jupiter ? Voici une strophe de cette ode ; elle est admirable pour la pensée et le choix de l'expression.

> Poi se de' bronzi ascolto
> L'alto rimbombo orrendo,
> Tu mi rimembri in volto
> Su Flegra tonator Giove tremendo;
>> Allor che vinte
>> Caddero estinte,
> Al saettar de' folgori tonanti,
> L'orride teste degli Etnei giganti.

Son ode à *Jean de Médicis*, où il célèbre les exploits de son héros, celle au grand duc Ferdinand II, offrent cavillation et exubérance d'images. Avouons-le, malgré les éloges dont on l'a comblé, ses poëmes lyriques sont infectés de *concetti* et d'images forcées. C'est un astre qui répand une clarté vive à travers des vapeurs qui en amortissent la force.

Les Espagnols et les Portugais sont supérieurs aux Anglais et aux Italiens dans la poésie lyrique. Leur langue qui enoblit les plus minces détails, l'élévation de leurs idées presque toutes religieuses, l'austère douceur de leur mélopée, les servent merveilleusement. Le romances espagnoles sont quelquefois à la hauteur de l'ode, et il en est peu qui ne brillent par une pensée plus ou moins noble. Celui de leurs poètes qui a le mieux réussi, et jouit d'une réputation méritée, est Melendez, l'Anacréon castillan; il a un style facile et élégant, une

DE LA POESIE LYRIQUE.

couleur locale, quelquefois du faux goût; mais les Grâces ont taillé sa plume, et les Amours semblent l'avoir guidé. La coupe de ses mètres est harmonieuse et variée; ses transitions sont bien préparées; il indique légèrement la déclination de son plan, ménage avec habileté l'économie de son petit sujet, et conserve l'idée saillante ou image pour la chute de chaque stance. Quelquefois il sort de son sujet; mais, comme Horace, il y rentre bientôt par une ellipse ingénieuse. Souvent son vers descriptif est un peu dur à l'oreille; souvent il donne à ses personnages des pensées au-dessus de leur état, et des formes bellâtres; n'importe, Melendez sera toujours, malgré ses défauts, un modèle à étudier. Je vais vous citer une de ses odes qui ne peut manquer de vous être agréable, et de vous inspirer le désir d'apprécier plus particulièrement ce poète trop peu lu de nos jours :

> Con una dulce copa
> Despierta mi carino
> Si de amor en los fuegos
> Dorila me ve tibio.
> Y si yo des denosa
> O cobardo la miro;
> Al punto sus temores
> Adormezco entre vino.
> Sabedlo pues, amantes :

> Perque Baco y Cupido
> Hermanados se prestan
> Sus llamas y delirios.

Vous jugez, par cette citation, du mérite réel de l'Espagnol ; il ne brille pas autant dans l'ode Pindarique : le Portugais l'emporte de beaucoup sur le Castillan pour cette strophe. La langue du Camoëns se prête davantage au sublime ; elle est plus elliptique, plus forte et d'une harmonie plus imposante. Le Lusitain oppose, à la description des pélerinages de Cordoue, des danses du Mançanarès, des tournois galans de Grenade, le récit du désastre de Lisbonne, des crimes de la jalousie, et des guerres d'insurrection dans le Nouveau-Monde. La Minerve du Portugais est toujours grave et sombre ; la grâce ne lui siérait point ; son coloris est ferme, sa marche est rapide ; elle aime à s'égarer dans les solitudes philosophiques, ou à planer, comme l'aigle, sur les champs de bataille ; souvent elle se plaît dans les ruines des monastères, sur la tombe brisée des amans malheureux, ou sur la natte hospitalière du pieux ermite de Coimbre. L'Espagnol, au contraire, célébrera les vendanges de Madère, la fête turque du Baïram, l'heure du berger annoncée au bruit éclatant de l'*Agnus Castus* qui fleurit, ou les charmes de l'indolence sous le myrte qui le parfume, et à l'odeur duquel il unit les flots ondoyans de fumée qu'exhale la feuille narcotique de la Havane. Leurs goûts, leurs caractères sont différens; on les distingue dans leurs mœurs, qui se distinguent dans leurs écrits. La littérature portugaise, qui comptait depuis plusieurs siècles son Homère, ses Démosthènes, et des savans dans plus d'un genre, n'avait point encore de Pindare. Il appartenait à Francisco Manoël d'enrichir et d'étonner sa patrie par des ouvrages où respirent la verve et le génie du poète d'Hiéron.

Dans sa vieillesse, il habitait la France : Manoël fut instruit, à la gloire des lettres, dans l'école du malheur, comme l'illustre auteur de la Lusiade, son modèle et son maître. Ses écrits lui firent des jaloux et des ennemis acharnés. Sa haine pour l'ignorance et l'aristo-démocratie le fit exiler de son pays natal, dont il n'échappa qu'avec peine, toujours menacé de tomber sous le poignard inexorable des envieux. C'est ce qu'il a décrit avec une énergie touchante et vraie dans la dernière ode de son recueil. Manoël a imprimé à la poésie lyrique portugaise un caractère d'enthousiasme, de philosophie, et une teinte de mélancolie austère qui l'élèvent au rang des premiers auteurs anciens et modernes. Son style est concis, semé des plus heureuses comparaisons, qui sont l'ornement de l'ode. Il emploie tous les mètres des diverses langues mortes et vivantes avec un rare bonheur. Quelquefois ses tours trop hardis, ses locutions ambitieuses l'accusent d'obscurité, comme Le Brun, dont il a quelques défauts, mais qu'il surpasse par une foule de beautés que son talent a rendues indigènes. Faut-il que l'ingratitude ait si mal récompensé tant de génie et de candeur! Mais la France ne doit pas se plaindre d'avoir recueilli cet arbuste étranger.

Il faut donc rester convaincu de la vérité de mon assertion, que le Français est encore celui de tous les peuples de l'Europe qui paraît appelé par la nature à cultiver ce genre poétique. Pourquoi néglige-t-il cet objet de gloire? Je ne puis me refuser de l'absoudre. Depuis J.-B. Rousseau, le prestige du succès théâtral a beaucoup trop flatté la nation. Plus les esprits ont incliné vers la politique, plus le peuple a aimé le tumulte des spetacles. Cette maladie a singulièrement empiré; et bientôt la paresse ignorante a été chercher l'instruction superficielle de la scène, de préférence à celle qu'on acquiert par la lecture des grands maîtres de l'antiquité. La philosophie a fait retentir les théâtres de ses maximes dangereuses. Le plus inepte s'est cru un savant, parce que sa mémoire avait retenu quelques-unes de ces idées qui ont été si funestes à la morale religieuse et civile. La révolution a par là consacré l'ignorance, en proclamant le progrès des lumières. A cette époque, le Français égaré était forcé dès long-tems à répéter des chansons que les païens auraient rougi de réciter dans leurs saturnales. Cependant la chanson populaire, qui est un diminutif de l'ode anacréontique des anciens, avait reparu depuis quelques années sous la plume joyeuse et facile d'un riant héritier de Panard et de Collé (1); mais la mode, ce tyran impérieux, qui n'a point de lois fixes, veut encore que le Français, né malin et joyeux, préfère le bruyant tambourin de Momus à la lyre d'Erato. Ce n'est pas tout : il faut ajouter à ce contre-tems, que l'esprit d'analyse qui est l'étai de la raison, comme il est la mort du sentiment et de l'enthousiasme, a soumis l'ode à sa marche compassée, depuis celui que Raymond de Saint-Marc a si impudemment placé au dessus de J.-B. Rousseau, parce qu'il a écrit avant : ainsi Perrugin serait supérieur à Raphaël, Otto-Vænius à Rubens, et Vouët à Lesueur. Le philosophisme, qui a tant fait de bien et de mal, s'est introduit dans ce genre, et l'a

_____

(1) Feu Désaugiers.

dégradé par la profusion de ses sentences. Lisez Rousseau, que Vauvenargues a blâmé de n'en point avoir dans ses écrits, il n'en cite pas le mot, mais il en a l'esprit. Il est loin de cette philosophie qui, n'observant que des nuances imperceptibles, ne se fait remarquer que par une froide subtilité. Presque toutes les odes de ce grand poète, surtout celles *à la Fare, à la Fortune et aux Princes chrétiens*, sont animées par cette philosophie dont l'esprit a été si mal commenté de nos jours. Elle y règne plus que dans les pitoyables strophes de La Motte, qui met tant d'orgueil à l'afficher. Rousseau, pour être philosophe, ne procède point par syllogismes. Il n'a point une marche aussi didactique que celui à qui Deforges-Maillard adressait, avec dérision, une ode en prose (1); il se guide sur Pindare, et quand le Béotien s'élève jusqu'à l'Olympe, son disciple ne suit pas régulièrement la trace lumineuse qu'il laisse après lui ; il le suit dans le sillon de lumière que son génie vient d'ouvrir.

(1) En voici la première strophe :

« Grand et fameux La Motte, aigle rapide dont l'œil noble-
» ment audacieux va défier les regards mêmes du père brûlant
» par qui la lumière est engendrée, soutiens le vol timide d'un
» faible tiercelet, et viens, d'un coup de ton aile secourable, le
» pousser avec toi jusqu'au dévorant séjour du feu. »

DE LA POÉSIE LYRIQUE.

Rousseau brille par une saine philosophie, et l'on peut ajouter qu'il n'a de maître qu'Horace dans ce rare talent de donner de la vie à tout ce qu'il peint. Qui jamais a pris mieux que lui le ton sublime de la poésie sacrée, surtout quand il le reçoit du prophète-roi ? Quand il n'aurait composé que ses cantiques et ses cantates, il n'en serait pas moins le maître de la lyre. Le Franc de Pompignan est le seul qui, dans l'ode sacrée, puisse se comparer à Rousseau ; il a autant d'élévation que lui dans les pensées ; sa strophe a le même mouvement ; mais il lui est de beaucoup inférieur pour l'énergie, la correction et l'élégance du style. Racine le fils, s'il eût essentiellement voué sa muse au genre religieux, eût peut-être été l'émule de Rousseau. Ses paraphrases d'Isaïe sont admirables, et se rapprochent des chœurs d'*Athalie* et d'*Esther* ; aussi peut-il dire avec Sénèque : *Sacer nobis inest Deus*. On ne saurait donc trop recommander aux jeunes gens d'étudier les poésies sacrées de ces modèles de l'art : c'est dans de pareilles lectures que la morale dérive de la religion : soit qu'elle nous apprenne ce que l'on doit à Dieu et à ses parens, soit qu'elle nous représente un vénérable martyr de la foi, sous l'humble costume des pélerins, allant redemander au Grand-Seigneur la paisible possession du Saint-Sépulcre, et faire entendre au cœur de l'islamiste la voix du Dieu de miséricorde ; soit enfin qu'elle peigne la fille des rois échappant aux yeux indiscrets loin des portiques du Louvre, et, sous le négligé de la bienfaisance, courant porter dans le réduit de la misère les royales économies de sa cour et les consolations de la piété.

ODES.

LIVRE PREMIER.

ODE I.

LES OBSÈQUES DE LOUIS IX.

Aux remparts de Tunis, victime de la peste,
Louis a dépouillé, sous la tente modeste,
  Tout l'appareil des rois;
Et le croissant, vaincu par le captif du Caire,
Salue avec douleur, sur son lit cinéraire,
  L'inspiré de la croix.

Les paladins du Christ, inclinant l'oriflamme,
En chœur ont murmuré, pour la paix de son ame,
  Les hymnes du cercueil;
Et des bords africains, témoins de leur souffrance,
Les lugubres échos avertissent la France
  Que le trône est en deuil.

Des roses du Jourdain, comme autrefois parée,
Chante, mère des lois, religion sacrée!
  Lève un front solennel!
D'un saint législateur, loin des traits de l'envie,
Divinise le nom et couronne la vie
  Dans un Louvre éternel!

ODE I.

Du preux de la Massour, loin des camps infidèles,
Déjà sont descendus au palais des Tournelles
  Les ossemens bénis ;
Et Philippe (1), absorbé dans le penser des justes,
S'écrie en déposant les reliques augustes :
  Mont-Joie et Saint-Denis !

J'ai ramené son ombre en ces tristes murailles :
Lutèce, dit Philippe, attend les funérailles
  D'un prince aimé du ciel ;
Des mains du sacerdoce offert à l'indigence,
Que le pain de ma table, en vœu de bienfaisance,
  Soit brisé sur l'autel !

J'irai, bravant les feux de la saison brûlante,
Au hameau du martyr que Lutèce opulente
  Consacre à nos élus ;
Et là, purifié par un jeûne sévère,
Jusqu'au tombeau royal, sous les cendres d'un père,
  Je marcherai pieds nus (2).

Mais le jour naît, Joinville ; et la trompe héroïque
Appelle ton vieux maître au monastère antique :
  Revêts le chaste lin ;
Courbe-moi sous sa cendre, élève sa bannière ;
Et, durant le voyage, ouvre son aumônière
  A ce peuple orphelin !

(1) Surnommé le *Hardi*.
(2) Ce trait est historique.

LIVRE I.

Philippe ainsi parlait : la croix guide les armes;
Le fils porte son père..... et la patrie en larmes
      Court au son du béfroi.
On eût dit qu'en ce jour la France désolée
Loin de ses champs conquis traînait le mausolée
      Où dort son premier roi.

Oui, la douleur du peuple est le cri de l'histoire :
Le spectre des Cromwell, sur un char de victoire,
      Superbe, vient s'asseoir.
Mais ce deuil, qui le suit ? Rien qu'une horreur profonde,
Rien qu'un faste isolé, qui seul révèle au monde
      Le néant du pouvoir.

Ah ! quand le bienheureux invoqué dans Lutèce
Tout à coup au séjour de l'humaine faiblesse
      Daigne s'offrir à moi,
Ma muse à son éclat fait resplendir ses ailes,
Et baise avec amour les palmes immortelles
      Du héros de la Foi !

Je n'ai pas, il est vrai, l'orgueil de ces athées
Qui vont préconisant les erreurs effrontées
      Et les dogmes trompeurs,
Ou qui, dans les accès d'une aveugle insolence,
Traitent les vifs rayons que la grâce nous lance
      De brillantes vapeurs.

La grâce en vain triomphe ; en vain dans la nature,
Dès l'instant du berceau jusqu'à la sépulture,
   Tout vient la publier :
Les lâches mécréans du vil siècle où nous sommes
Dans un rêve brutal qui dégrade les hommes
   Aiment à s'oublier.

Pour moi, chrétien, je cède à l'ineffable ivresse :
Ma muse, obéissant à l'archange qui presse
   Son vol audacieux,
Aux pieds du Rédempteur où Louis se repose,
Monte pour assister à son apothéose
   Dans la gloire des cieux.

Mais quoi ! du Vatican le vicaire infaillible
Qui tient les clefs d'en haut et le sceptre invisible
   Qui juge les humains,
Pour fêter des émirs le vainqueur et l'esclave,
Agite à coups pressés le marteau du conclave
   Au portique des saints (1) !

(1) Image de la canonisation.

ODE II.

AUX PRINCES CHRÉTIENS,

CONTRE LES RÉGENCES BARBARESQUES.

(1815.)

  Que pensez-vous, monarques sages,
   D'Alger et de son vain défi?
Abandonnerez-vous nos opulens rivages
A des pestiférés, transfuges d'Amalfi?
  Souffrirez-vous long-tems encore
  Qu'un tributaire du Bosphore
Soumette le commerce à son joug renaissant;
Que nos riches moissons, pour l'Afrique embarquées,
  Chargent les flottantes mosquées
  Des aventuriers du croissant?

  Assez long-tems de vils corsaires
  Sont venus désoler nos bords :
C'est en vain qu'Albion, armant ses insulaires
A foudroyé leurs tours et dépeuplé leurs ports;
  En vain le trident britannique
  Brisa le sceptre tyrannique,
Et confondit l'orgueil de leurs deys fugitifs;
En vain Jérusalem annonçait leur ruine;
  Faut-il que sa sainte colline
  Pleure encor de nouveaux captifs?

ODE II.

Non! c'est consentir à l'insulte
Dont on veut flétrir vos drapeaux :
Rois, si l'humanité vous confia son culte,
Arrachez nos chrétiens à de honteux travaux!
C'est trop honorer des barbares
Qu'assembler chez les Baléares
Cette forêt de mâts d'où part l'airain vengeur;
Que faut-il opposer à ce troupeau d'esclaves?
Les humbles nefs de quelques braves
Soumis à l'anneau du pêcheur.

La voilà, cette île guerrière,
Arsenal de la chrétienté,
Qui fut, sous vos aïeux, l'enceinte hospitalière
Qu'à la noble valeur ouvrait la piété (1)?
Tournez les yeux vers cette rive
Que fuit la charité plaintive;
Rappelez-y des preux le glaive impatient.
Les voilà devant vous, ces humides contrées
Où voguaient ces barques sacrées
Qui firent trembler l'Orient!

Mais comment fut-elle soumise
Cette vierge de l'Océan,
Cette île dont l'approche aux seuls preux est permise,
Ce roc qui fut deux fois l'écueil de Soliman?
Par une fourbe inattendue
Sa gloire en un jour fut vendue :

(1) Malte.

L'ennemi de la foi marchanda sa cité ;
Et du chef des croisés le casque héréditaire
  Fut proclamé son tributaire
  Aux autels de la liberté (1).

  Dans ce jour de trouble et d'alarmes,
  Villeneuve, où donc étiez-vous ?
Au palais magistral, où sommeillaient ses armes,
Du Puy leur apparaît, enflammé de courroux :
  Le phare de Ptolémaïde
  Voit d'un Vignacour intrépide
S'élancer le fantôme, ainsi qu'un fier lion ;
Et Gozon (2), qui frappa le reptile à l'œil sombre,
  Menace encore de son ombre
  L'hydre de la rébellion.

  Alors une voix séculaire
  Sortit de l'antre des nochers :
« Tremblez, vous des forbans régence auxiliaire,
» Les paladins du Christ habitent ces rochers ;
  » Tremblez ! vos haches assassines
  » Mutilent jusqu'en ses racines

---

(1) On ne prétend faire ici allusion qu'aux auteurs de l'infâme trahison qui livra Malte aux agens du Directoire, et non ternir la gloire des braves guerriers français et des estimables savans qui se dévouèrent à l'expédition d'Egypte.

(2) Dieu-Donné de Gozon, commandeur, qui tua un serpent énorme qui désolait Rhodes.

ODE II.

» L'arbre saint qu'à Sion conquirent nos guerriers.
» Croyez-moi, c'est en vain qu'une ligue puissante
» Met une enchère avilissante
» Sur le temple des chevaliers.

» Quand Malte, d'écueils entourée,
» A leur flotte offrait un rempart,
» Sur sa tour catholique une main égarée,
» De la religion déchire l'étendard;
» Le châtiment suivra l'injure;
» Le ciel, qui punit le parjure,
» Pour l'agresseur impie a préparé des fers;
» Et la postérité, qui maudit les perfides,
» Au front vieilli des Pyramides
» Lira sa fuite et ses revers.

» Un jour, l'enfant de la Guinée
» Ne naîtra plus pour le malheur;
» Les rois affranchiront sa race infortunée,
» Dont un lâche trafic outrageait la couleur :
» Et des chrétiens, nobles victimes,
» Les droits seraient moins légitimes!
» De l'homme, diront-ils, vengeons la dignité :
» Preux, allez dans l'Afrique, où gémissent vos frères,
» Rompre la chaîne des misères
» Qui pèse sur l'humanité!

» Ils règneront dans l'Ionie
» Qu'illustrèrent leurs étendards :

» Forbans, tremblez encor! c'est de Céphalonie
» Que sur les flots vaincus vous suivront nos regards;
    » La nuit nous verra sur cette île
    » Explorer la course inutile
» Que tentent des esquifs ravis à nos colons,
» Et dans l'Adriatique, à l'abri de leurs piéges,
    » Livrer vos voiles sacriléges
    » A la fureur des aquilons. »

    Tel fut, au jour de la détresse,
    L'oracle d'un soldat du Christ :
Parlez, qu'il s'accomplisse, et qu'une sainte ivresse
Console, ô rois chrétiens, son immortel esprit!
    Ces bords, où triompha Tourville (1),
    Rediront qu'un peuple servile
De la justice humaine a reconnu les droits,
Détesté l'esclavage et le croissant d'Afrique
    Au pied de ce mont héroïque
    Où Villiers transplanta la croix.

    Non, non, elle n'est pas brisée
    La couronne antique des preux!
Par de grands souvenirs Malte favorisée,
Des guerriers rédempteurs semble attirer les vœux.
    Princes, hâtez ce jour propice;
    Relevez ce pieux hospice

---

(1) Tourville, Suffren, etc., élevés à Malte.

ODE II.

Qui vit de leurs bienfaits les chrétiens revêtus ;
Qui vit ces protecteurs du commerce et du temple,
    Par la sainteté de l'exemple,
    Séculariser leurs vertus (1) !

(1) Cette ode faisait partie d'un recueil que l'auteur publia en 1819, et adressa à un illustre académicien, qui l'en remercia par la lettre suivante : « J'ai reçu, monsieur le marquis, le recueil que vous m'avez fait » l'honneur de m'adresser. Comme j'aime les vers, je me suis empressé » de lire les vôtres. J'étais sûr d'y trouver du plaisir. Mes espérances » n'ont point été trompées. Si nous étions aux tems où la lyre gouvernait » les nations, la vôtre armerait encore les puissances chrétiennes contre » les pirates de la Méditerranée. Mais les vers ont perdu leur crédit. Tout » enthousiasme est éteint. La belle ode de Rousseau contre les Ottomans » ne les a pas fait chasser de la Grèce. J'en suis fâché. S'ils n'y étaient » plus, je ferais volontiers, avec vous, un voyage dans la patrie de So- » phocle et de Platon, et je chanterais :

» *Sic te, diva potens Cypris*, etc.

» Je ne me soucierais pas d'y trouver lord Byron ; il est trop *libéral* » pour moi, ainsi que votre lyrique Espagnol, que vous estimez trop, ce » me semble. J'aime mieux Horace et Rousseau. Ils ont le véritable en- » thousiasme avec beaucoup de raison. On les sait par cœur. Les bons vers » sont ceux qu'on retient, et c'est ainsi qu'il vous appartient d'en faire.

» Agréez, etc.
                                » Le marquis de Fontanes.

15 mars.

ODE III.

LA MORT DE L. DE LAROCHEJAQUELEIN.

A M. CHARLES NODIER.

La vie humaine, ami, comme un torrent s'écoule;
  Et des fastes dorés
N'empêchent point les rois d'aller grossir la foule
  Des mortels ignorés.

L'art en vain décora d'attributs funéraires
  Leur dernière prison;
En vain l'autel pompeux de leurs mânes vulgaires
  Porte un double écusson.

Oui, le nom de ces rois, inconnus dans leur âge,
  Et morts sans envieux,
Dans le Léthé s'enfonce, et jamais ne surnage
  Sur ses flots oublieux.

Mais il doit résister à ce fleuve rapide,
  Le nom de ce héros,
De ce soutien du trône, au courage intrépide,
  Dont Bressuire a les os.

ODE III.

Les échos vendéens et ces routes guerrières,
  Que fraya le canon,
Epouvantent encor les hordes meurtrières,
  En répétant son nom.

C'est lui qui, de l'honneur respectant la promesse,
  Apprit aux factieux
Qu'au pouvoir du serment les peuples de la Grèce
  Avaient soumis leurs dieux.

Des monts de la Bretagne aux murs de Pictavie,
  L'indomptable croisé
Oppose au plomb fatal qui cherche en vain sa vie,
  Son sein fleurdelisé.

L'armée à son aspect tout à coup s'est accrue;
  Cincinnatus nouveaux,
Les chevaliers bretons ont quitté la charrrue
  Pour suivre ses drapeaux.

Ne crois pas sa valeur par l'orgueil animée :
  S'il commande au combat,
Il n'est au premier rang de sa nombreuse armée
  Que le premier soldat.

Les ministres de Dieu, l'habitant des campagnes,
  Les nobles citadins,
Tantôt dans les forêts, tantôt sur les montagnes,
  Vivent en paladins.

Les rangs sont confondus ; d'un grand nom, d'un vain signe,
   Aucun d'eux n'est jaloux ;
Le chef des Vendéens ne veut, pour marque insigne,
   Que l'estime de tous.....

Tous ont de la candeur, tous ont l'ame aguerrie,
   Tous sont faits aux travaux,
Tous sont hospitaliers, tous aiment la patrie.....
   L'honneur les rend égaux.

Il les voulait ainsi, ce mortel magnanime,
   Martyr de ses vertus,
Qui déplora vingt ans les noirs succès du crime,
   Sur les lys abattus.

Hélas ! à l'instant même où l'Europe liguée
   Volait à son secours,
Lachésis a tourné d'une main fatiguée
   Le fuseau de ses jours.

Le fil s'en est rompu..... Pleure, fière Vendée,
   Pleurez, guerriers pasteurs ;
Voilez votre étendard ! sa mort est décidée
   Par les fatales Sœurs.

Consolez-vous pourtant ! si le héros succombe,
   Mars lui dresse un autel :
Aux champs de l'Aquitaine, en combattant il tombe,
   Mais il tombe immortel.

ODE III.

Cherchez, cherchez son glaive, et mouillez de vos larmes
   Ses débris éclatans !
Courez les déposer au temple où sont les armes
   Des braves du vieux tems !

Le corps de Duguesclin des vers fut la pâture
   Sous ses tristes festons ?.....
Vous l'allez remplacer ; couchez dans son armure
   Le Bayard des Bretons !

Nodier, de gloire encor son ombre est occupée :
   Suspends à son drapeau
L'écharpe de Lescure et la terrible épée
   Du fier Cathelineau !

Non, il ne mourra pas..... Et toi, fils de l'Histoire,
   Peins ses gestes guerriers,
Quand ce preux nuit et jour promenait la Victoire
   Dans un bois de lauriers.

Tu diras : « Dans ces tems qu'une horde insultante
   » Outrageait ses vertus,
» L'humanité forma, de sa rustique tente,
   » Un hospice aux vaincus. »

Tu diras : « Dans ces tems où sa famille entière
   » Gémissait loin de lui,
» Le sort ne put ravir à sa douleur guerrière
   » Une larme d'ennui. »

Tu diras qu'un des siens, ami du blanc panache,
   Le conquit en ces lieux,
S'étant fait, comme lui, de son drapeau sans tache,
   Un linceul glorieux.

Non, il ne mourra pas..... il revit dans son frère;
   Et je n'ai pas l'effroi
Qu'à l'héritier du preux le destin soit contraire......
   Dieu le veut pour le Roi.

ODE IV.

L'EXIL DU POÈTE.

Quand, menacé du poids des chaînes
Par un pouvoir persécuteur,
Manoel (1), victime des haines,
Fuyait son pays enchanteur;
Quand, loin de la Lusitanie,
La Vertu, prêtant au génie
Et son voile et son talisman,
Vit l'amant des neuf immortelles
Voyager sur ses chastes ailes
Vers les palais de l'Océan;

Soudain, la fille de Nérée,
S'armant d'un prophétique luth,
Fit entendre sa voix sacrée,
Et deux fois lui cria : Salut!
Salut! chantre adoré du Tage;
Toi que de ton humble héritage
Bannit une ingrate cité;
Pars, et que ta voix souveraine
Endorme à des chants de syrène
Les autans de l'adversité.

(1) Célèbre poète lyrique portugais.

L'homme qui voit de l'œil du sage
Le fugitif éclat du tems,
Rit de la fortune volage
Et de nos projets inconstans.
En vain des mers blanchit l'écume,
L'éclair luit, la foudre s'allume
Sur un orageux élément,
Aux coups du destin qui l'accable
Sa résistance infatigable
Oppose un cœur de diamant.

Lorsque la Faim aux dents aiguës
L'étreint de ses bras décharnés,
Courbe-t-il ses épaules nues
Sous le poids des maux obstinés?
Non. Dans l'ouragan de la vie,
Vainqueur du souffle de l'Envie,
Si son navire boit les flots,
Il le consacre au dieu des ondes,
Et sa nef, voguant sur les mondes,
Devient l'astre des matelots.

Manoel, crois-tu que l'orage
Tout entier nous livre à la mort?
Notre ame, échappée au naufrage,
Triomphe des rigueurs du sort.
Oui, du corps l'hôtesse invisible,
Dépouillant l'argile insensible
Dont un homme fut revêtu,

Rejoint l'ineffable substance,
Quand le dernier cri d'existence
Est un soupir de la vertu.

Quoi ! tu déplores ta disgrâce ?
Vois chez des peuples bienveillans
L'Hospitalité qui t'embrasse
Au sanctuaire des talens !
Sensible à ta longue souffrance,
La Gloire voit d'abord en France
Ton laurier naturalisé :
Il reverdit au pied du Louvre,
Où l'aîné des Bourbons te couvre
De son manteau fleurdelisé.

C'en est fait : combats la tristesse ;
Brise la coupe du malheur !
Dans l'horizon voici Lutèce
Prête à consoler ta douleur.....
Prends les doux songes pour cortége :
Tu fuis : l'avenir te protége ;
Sur tes ruines sois debout !
En vain la Fortune te quitte :
Le génie est cosmopolite ;
Ses trésors le suivent partout.

Ainsi chanta l'Océanide,
Quand le Pindare lusitain

Sur nos bords, docile à son guide,
Exilait son brillant destin :
Là, pleurant dans la solitude
Sa patrie, où l'ingratitude
Se fit un jeu de ses tourmens,
Il nous consacrait son génie :
Terre de Lusus, sois punie !.....
Tu n'auras point ses ossemens.

Gémis ! L'écho des sons funèbres
Ne t'appelle point à son deuil ;
Gémis ! de ses écrits célèbres
Je pare son noble cercueil.
Là, ses harmonieux ouvrages
Vont, se disputant nos suffrages,
Briller toujours, astres pareils,
Comme dans la nuit argentée
Resplendit la route lactée
Où s'éclipsent mille soleils.

Mais qu'ai-je dit ?..... La double cime
Attend le poète expiré,
Je cède au désordre sublime
Qui troublait son cœur inspiré !
Des palmes du nouveau Pindare
Mon enthousiasme s'empare,
Plus prompt que les torrens du Nil ;
Et portant sa lyre d'ivoire,

ODE IV.

Je vais, aux vierges de mémoire,
Chanter la fin de son exil.

Consolez-vous, la Renommée,
Muses, s'accroît dans les ennuis!
Le feu pur naît de la fumée,
Le plus beau jour, des sombres nuits.
Le ciel, sous la grêle perçante,
Purge la terre languissante
Des froids atomes de l'hiver;
Et pour enfler le grain fertile,
La glèbe s'ouvre au soc utile
Qui la déchire sous son fer.

ODE V.

LA MORT DE L'INFANTE D'ESPAGNE.

(1818.)

O douleur !..... de pâles ténèbres
La nuit couvre les tours du vieil Escurial;
La Mort en ce palais, de ses ailes funèbres,
    Enveloppe un berceau royal.

Le pélerin de Calatrave
A sous l'hysope en pleurs salué le cercueil :
Les preux de la Toison, devant l'autel du brave,
    Ont vêtu leurs glaives de deuil.

O fille du Roi catholique!
Pourquoi sourire au jour qui va t'abandonner?
Déjà la rose meurt sur ce front angélique
    Qu'un triple lys dut couronner.

Tel, dans les bocages d'Hymère,
L'arbuste d'Atalante, à notre œil plein d'espoir,
Découvre un fruit naissant qui, sous sa feuille amère,
    Se décolore vers le soir.

N'est-ce pas ainsi que du Tage
La nymphe s'éplorait sur son lit de roseaux,

ODE V.

Quand d'un spectre guerrier l'ombre, éclairant la plage,
Prescrit le silence à ses eaux :

« Madrid perd l'infante Isabelle ;
» Si le ciel lui ravit l'ange de Salvador,
» Moi, le Cid, je t'annonce un fils qui, beau comme elle,
» Doit régner sur ton urne d'or.

» Aux jeux de la chevalerie
» J'instruirai son grand cœur par de nobles accens ;
» Et la religion, mère de la patrie,
» L'embaumera de son encens.

» Oui, chaque jour ton peuple antique
» Lui devra plus d'exploits, de bienfaits immortels,
» Que le chrétien ne compte au chapelet mystique,
» De grains bénis sur les autels.

» Il aura mon glaive et ma lance :
» Le superbe Espagnol, fier d'un roi chevalier,
» Opposera sa gloire aux cent traits de vaillance
» Qui sont peints sur mon bouclier.

» Le pâtre de l'Estramadure,
» Qui combat pour l'honneur et défend ses troupeaux,
» N'ira plus, des rochers peuplant la voûte obscure,
» Guerroyer au son des pipeaux.

LIVRE I.

» Saragosse, dont les murailles
» De sa sainte Madone attristaient les regards,
» Ne récitera plus l'hymne des funérailles
   » Sur la cendre de ses remparts.

» Ne gémis plus, sœur de la Seine,
» Le pur sang de tes preux n'est pas encor tari;
» Non, de l'enfantement ton immortelle reine
   » N'a point jeté le dernier cri!

» Le berceau promis à l'Ibère,
» Par la voix de ce Dieu qui releva Sion,
» M'avertit sur la tombe où se lamente un père,
   » Que l'Espagne attend un lion. »

Le Cid, certain de son présage,
Sur un char lumineux disparaît emporté;
Et son chant, qu'a redit l'écho sacré du Tage,
   Va consoler la royauté.

ODE VI.

LES MALHEURS DE LA GRÈCE.

(1822.)

« Réveillez-vous, martyrs célèbres!
» L'Eglise remonte à son rang :
« Tout chrétien, dans ces jours funèbres,
» Reçoit le baptême de sang.
» Redites au ciel de l'Asie
» La douloureuse frénésie
» Qui presse mon cœur et ma voix;
» Chantez, martyrs! Dieu vous protége,
» Et que la Porte sacrilége
» Tombe en poussière sous la croix!

» La noble vierge, que le glaive
» Abat sous les pieds de l'orgueil,
» Invoque un preux qui la relève
» Avec un sourire de deuil.
» Pieds nus, et tout échevelée;
» Dans une caverne isolée
» Ira-t-elle attendre la mort?
» Non; de ses cris le ciel murmure;
» La vierge revêt une armure,
» Et le faible dit : je suis fort.

» A des nations opprimées
» Dieu rend leur antique vertu,
» Et les couronnes Idumées,
» Et le tabernacle abattu.
» Omar, dans la ville infidèle,
» A broyé d'une main cruelle
» Les os chrétiens, jouets des vents;
» Il presse en vain sa vieille proie.....
» La Grèce a tressailli de joie.....
» Les morts ont armé les vivans. »

Tel fut l'accent du patriarche,
Dans son héroïsme divin :
Chantez, martyrs! son ombre marche
Sous l'étoile de Constantin.
Déjà, sur le sombre calvaire,
Brille d'une clarté sévère
Le signe objet de sa ferveur;
Le Christ annonce la victoire,
Et l'écho du saint promontoire
Murmure l'hymne du Sauveur.

Eh quoi! du golfe où, mutinée,
La mer d'Ormus bat les déserts,
Jusqu'à la Méditerranée,
Le chrétien languit dans les fers!
Partout l'Ottoman sanguinaire
L'atteint d'un glaive mercenaire!
Voici le Fefta du tyran!

ODE VI.

Il faut que l'arrêt s'accomplisse,
Et que tout un peuple au supplice
Soit égorgé sur l'Alcoran.

O délire! opprobre du monde!
Un vil sérail brave nos lois :
L'Europe aux flots de Trébizonde
Fait à peine entendre sa voix.
N'est-il donc plus de Théodose
Pour la terrible apothéose
Que dans sa nef Sophie attend?
Dieu tient-il l'Europe assoupie,
Pour que sur la mosquée impie
Sa foudre éclaire l'Occident?

Pleure, pleure, Grèce immolée,
L'impiété des Osmanlis
Et l'arche sainte violée,
Et tes synodes avilis :
Pourtant le fourbe Israélite,
De l'imposteur vieux satellite,
De Dieu blasphême encor le nom;
Mais, dans le bazar impudique,
Il n'ira plus, marchand cynique,
Vendre les vierges de Sion.

Si le frêle intérêt des hommes
Du Très-Haut combat les desseins,

Si l'âge superbe où nous sommes
Tolère des vœux assassins,
Quand de la foi l'homme est victime,
Si l'on proclame légitime
Le meurtre ou son cortége affreux,
Que dira la race future
D'un tel oubli de la nature
Offert en hommage aux faux dieux?

Non, non! cette soif de carnage
Insulte à nos dieux familiers.
Bourbon, pour tromper tant de rage,
Eut des vaisseaux hospitaliers:
D'en haut, à ses bienfaits augustes
Applaudit la foule des justes
Expirés dans un long tourment.
La Grèce, terre infortunée,
Par lui ne fut point condamnée
A n'être plus qu'un monument.

Une religion barbare
Peut-elle être fille du ciel?
Non, de rigueurs mon ciel avare
Repousse un triomphe cruel.
Non, le Dieu rédempteur s'immole
En permettant plus d'une idole
Aux caprices du genre humain;
Mais si quelque idole stupide

Révèle un instinct homicide,
L'idole se rompt sous sa main.

Rois amis, l'Eternel vous guide;
Courez, l'Evangile à la main,
Arracher le glaive perfide
A l'Ismaélite inhumain !
S'il poursuit le cours de sa haine,
Précipitez-le sous la chaîne
Dont il menace vos remparts;
Ou qu'il plante lui-même encore
Sur les minarets du Bosphore
L'aigle chrétienne des Césars!

Ils ont détruit dans leurs murailles
Les temples de la charité;
Le froid banquet des funérailles
Sourit à leur iniquité;
Aux portiques du faux prophète,
De leur vaincu brisant la tête,
Ils ont mutilé ses enfans,
Ils ont séché le sein des mères,
Et, comme les herbes amères,
Etouffé l'épi dans les champs.

Et vous, si généreux, si braves,
Par qui l'arbre saint refleurit,
Rois chrétiens, de la Porte esclaves,
Dormez-vous, quand on les flétrit?

Sors de la tombe, grand Eugène!
Que ton glaive nu se promène
Sur Byzance, infâme cité!
Venge l'Europe qu'on dégrade,
Et repoussons, comme à Belgrade,
Le joug de l'Infidélité!

ODE VII.

LA DESTRUCTION DE LA FLOTTE TURCO-ÉGYPTIENNE

DANS LES EAUX DE NAVARIN.

(1827.)

Que lent est le réveil de l'Europe outragée !
Des pavillons du Christ, la gloire non vengée
Attendait qu'un Arabe eût défié ses rois ;
La Livadie en pleurs s'exile dans les chaînes,
     Et l'olivier d'Athènes
Voit clouer à ses flancs les soldats de la croix.

C'est donc là que finit ton héroïque histoire !
Grèce ? Non, non, j'entends le cri de la victoire,
Peuples ! le vieux Croissant tombe avec l'imposteur ;
Aux flots de Navarin, trois noms chers à Neptune,
     Protègent l'infortune,
Et l'Eternel sourit au trident rédempteur.

Enfin, la perfidie a conquis son salaire ;
Un Mameluck aigrit l'ange de la colère ;
Le Caire a d'un sérail expié les fureurs.
Les cendres de Souli, les crimes de Corinthe,
     Ont proclamé plus sainte
La terre où par le meurtre on punit les erreurs.

Non loin des minarets, autour de ces mosquées,
Où du ciel d'Osiris les clartés invoquées
Désertent les autels qu'habite un dieu tyran,
Le Nil, qui de Memphis pleure encor les rois sages,
   Crie à ses vieux rivages :
« Au pied du bœuf sacré déchirons l'Alcoran ! »

Il s'écrie ; et voilà qu'un fils du faux prophète
Prépare devant l'Isthme une sanglante fête,
Quand la paix à nos vœux daigne l'associer ;
Et l'infidèle oublie, en sa course effrayante,
   Cette mer de Lépante,
Où fut brisé deux fois l'étendard du coursier.

Le tranquille Ibrahim, dans ses forts insulaires,
Se rit d'un pacte auguste et de nœuds tutélaires ;
D'une triple alliance il brave l'appareil ;
Il faut, c'est trop long-tems grâcier un perfide,
   Que le bronze homicide
Ait aboli sa flotte au départ du soleil !

Vogue, nouveau Nelson ! que la bombe enflammée
Livre aux flots en courroux cette brutale armée ;
La barque incendiaire éclate sur ton front ;
Vogue, et que ces vaisseaux, sous une triple foudre,
   Tombent réduits en poudre,
Et du Bosphore impie éternisent l'affront ?

L'aurore, de la nuit revêt les couleurs sombres,

ODE VIII.

Navarin est pressé par de brûlantes ombres ;
En vain le Turc s'attache à ses esquifs épars,
La Méditerranée, en son horreur profonde,
    Les repousse vers l'onde,
Où l'aigle au double front les livre aux léopards.

C'en est fait : la victoire a déployé ses ailes ;
S'il brave encore la croix, au pied des Dardanelles,
S'écroule enseveli le colosse ottoman ;
Missolonghi succombe et Navarin le venge ;
    Ainsi le destin change
Et rejette au désert le profane turban.

Que nos lys, du synode, embrassent les portiques !
L'apôtre qui pleura répond à nos cantiques ;
Des enfans malheureux inspirent le pardon ;
Je vois au Vatican, pour un peuple en ruine,
    Constantin qui s'incline
Et montre un Labarum sur les tours de Modon !

Là, Tourville nouveau, là tes voiles actives
Surprendront d'un pacha les barques fugitives.
Prends ton glaive ! je tiens la lyre de Rousseau,
Et ma muse, ô RIGNY, sur les flots de Tyrène,
    Transformée en syrène,
Sans trahir l'amiral, va chanter son vaisseau.

Mais quoi ! l'hymne d'honneur que l'onde au loin répète,
Réveille d'Albion le belliqueux poète. . . . .

La vierge d'Abydos pleure son Ossian :
Quitte un instant, Byron, ta funèbre tunique ;
  Que ton luth britannique
Endorme le carnage aux portes du Divan !

ODE VIII.

LA DÉLIVRANCE DU ROYAUME.

(1818.)

Dans les forêts du barde où se plaît mon génie,
Lyre, amante des preux, imite l'harmonie
Dont la harpe celtique enchantait le pavois;
Résonne! la patrie est la seule prêtresse
Qui, dans les tems de joie ou les jours de détresse,
   Divinise ma voix.

Résonne! voici l'heure où ses fastes célèbres
Brillent plus radieux, planant sur les ténèbres
Qui voilaient la raison des Gaulois demi-nus!
Vierges de Walhala, que vos pieds en cadence
Foulent avec respect l'antique indépendance
   Des terres de Brennus!

Est-il vrai, peuple Franc, qu'il a fui cet orage
Dont n'a point murmuré ton docile courage?
Parle: tes beaux destins ne sont pas accomplis;
La France pacifique a désarmé l'Europe:
Du belliqueux manteau, qui toujours l'enveloppe,
   Elle a caché les plis.

Quoi! ses drapeaux captifs dans leur prison de soie
Ont reconquis ces tours où le Germain déploie

Ces aigles, ces lions, gardiens dominateurs;
Quoi! l'airain de tes forts, ôtages des frontières,
Prolonge en longs échos, sur nos rives guerrières,
   Des sons libérateurs!

Quel est donc ce mortel de qui l'astre propice,
Des révolutions fermant le précipice,
Voit sous tes étendards les peuples se ranger?
C'est celui....... c'est l'effort d'une vertu divine;
Et nous ne verrons plus la France à sa ruine
   Invitant l'étranger.

Celui-là seul est fort qui sauve la patrie,
Du culte des sermens fait son idolâtrie,
A la religion rend le port du salut :
Celui-là seul est fort, quand les lois qu'il nous donne
Contraignent l'avenir à s'écrier : « J'ordonne
   » Ce que Bourbon voulut. »

Il voulut, et son siècle apprend à le connaître :
C'est sa seule vertu qui nous révèle un maître;
Eh! qui de sa vertu ne serait pas épris,
Quand le législateur que la justice éclaire,
Détrône la licence, et d'un joug tutélaire
   Nous fait sentir le prix.

C'est ce qu'ont dit les rois aux murs où Charlemagne,
Enchaînant les Teutons et maîtrisant l'Espagne,
Rendait le caducée émule du trident;
C'est ce qu'ont dit les rois aux murs où ce grand homme

S'était ouvert sans peine, avec les clefs de Rome,
   Les portes d'Occident.

Triomphe, vieille France, et conte à ton armée
Que ce n'est point ton or, mais bien sa renommée
Qui du poids des tributs soulage tes enfans !
Console tes guerriers ; ils savent que l'histoire
N'a point borné pour eux l'ère de la victoire,
   A quinze fois cent ans.

Chante !..... Mais tant d'orgueil convient-il à la France ?
Etranger, ne crois pas que sa gloire en souffrance
Salue imprudemment un rayon de bonheur ;
Mais son roi l'affranchit d'un joug qui l'importune,
Et ce trop juste orgueil, qui naît de l'infortune,
   Est enfant de l'honneur.

Elle a brisé ses fers, l'illustre prisonnière !
Ainsi, quand l'hiver fuit, la sève printannière
S'échappe des longs bras du chêne aux flancs noueux ;
Elle sort en feuillage, il reprend sa verdure,
Fier de nous figurer la sombre chevelure
   Que portaient nos aïeux.

LIVRE DEUXIÈME.

ODE I.

LE GÉNIE DU CHRISTIANISME.

A M. LE VICOMTE DE CHATEAUBRIAND.

(1824.)

L'univers nous dit en silence :
« Je n'ai qu'une Divinité. »
Vers la lumière en vain s'élance
La ténébreuse humanité.
Les champs de Memphis et de Thèbe,
Pour elle obscurs comme l'Erèbe,
D'autels géans pressent le ciel ;
Mais leur symbolique écriture
Du vrai Dieu venge la nature
Comme les langues de Babel.

Etait-ce l'Olympe d'Homère
A qui Platon, révélateur,
Méprisant son culte éphémère,
Soupçonnait un seul Créateur ?
Aux yeux de la fable insensée
Voilant sa divine pensée,

ODE I.

Il but l'espérance à long trait,
Quand l'immortalité de l'ame
Eclaira d'une pure flamme
Les délices de son banquet.

Oui, Dieu vivait dans les cantiques
D'un culte, fécond en autels,
Dans les solennités rustiques
De ses fragiles immortels !
Dieu seul tonnait dans Démosthènes,
Comme au céramique d'Athènes,
Dans Paul, orateur de la mer ;
Et régnant dans la solitude,
Souriait à l'ingratitude
Des pontifes de Jupiter.

Mais voici l'heure où le Messie
Par l'Esprit saint est proclamé :
Tombez, idoles de l'Asie,
Tombez en poudre ! il s'est nommé.
Toute la terre se réveille !
Le gentil ouvre enfin l'oreille
Eprouvant un stupide effroi !
Le ciel est perdu pour la fable ;
L'Enfant-Dieu, bercé dans l'étable,
Près de son père y monte en Roi !

Viens m'assister, noble interprète
De ma sainte religion !

Peins l'amonr de l'anachorète
Pour les campagnes de Sion.
Des héros de la Palestine,
Des pères de la nef latine
Narre la gloire et la vertu!
Chante Rome et ses saints portiques
Sur les ruines poétiques
De son Capitole abattu!

Raconte la mort du fidèle,
Au dernier jour fais-le parler:
« Vers la région maternelle
» Une ame est prête à s'envoler.
» Le chrétien garde un front paisible:
» Dans ses traits son ame visible
» Rit à l'espoir d'un jour nouveau;
» Là, du pasteur qui le console,
» Il bénit la chaste parole
» Sous le baptême du tombeau.

» Sur le feuillet évangélique,
» J'ai vu tomber sa froide main:
» Tout à coup un chœur séraphique
» L'entraîne au radieux chemin!
» Il n'a plus qu'un regard céleste;
» Une confidence lui reste,
» Mais le secret s'évanouit:
» Et l'ange de paix qui l'accueille

» Sur ses yeux fatigués effeuille
» Les pavots de la grande nuit.

» L'instant où ce fidèle expire
» Nous révèle ce Dieu si cher,
» Qui, pour nous valoir son empire,
» S'humilia dans notre chair :
» Quel autre culte dans la vie,
» Hors celui de l'Eucharistie,
» Rendrait un faible enfant si fort !
» Lui, du Rédempteur frêle image,
» Que l'éternité dédommage
» Du demi-néant de la mort.

» Croit-on que sur un seul rivage
» Ce sacrifice soit offert ?
» Suivons aux îles du sauvage
» Le prédicateur du désert.
» Il sanctifie un peuple inculte,
» Vainqueur, puis jouet de son culte,
» Il tombe égorgé par ses fils ;
» Et le néophyte féroce,
» Sous la veine du sacerdoce
» Ensanglante le crucifix. »

Tel, guidé par un art sublime,
Tu chantes, rival des mortels
Qui, dans un siècle magnanime,
Conquirent les doctes autels !

Quand le grand âge des merveilles,
Berceau des Pascals, des Corneilles,
Se fut couronné de splendeur,
L'aigle, symbole du génie,
Reposa sa gloire infinie
Dans un sommeil réparateur.

La France enfin s'est reposée
De ce superbe enfantement :
Pour ta muse favorisée
Elle médite un monument.
Châteaubriand, ta voix m'enflamme;
Mais en vain mon luth avec ame
Module un hymne à l'Eternel,
Atala confond mon audace:
J'ai touché la plume du Tasse
Et le pinceau de Raphaël.

ODE II.

LE TESTAMENT DE LA REINE DE FRANCE.

Aux cachots du Palais, sous de sanglans décombres,
Une urne expiatoire a reçu notre encens ;
Là, quittant l'Empirée, errent d'illustres ombres,
   Qui, sous ces voûtes sombres,
Redisent du pardon les généreux accens.

Quand l'automne en fuyant attriste la nature,
La fille des Césars, veuve d'un roi-martyr,
Se plaît à visiter, durant la nuit obscure,
   Son lit de sépulture,
Qu'arrosent tous les ans les pleurs du repentir.

Le jour luit, l'airain sonne; une lugubre fête
Attire en ces parvis l'habitante des cieux ;
Le séjour des élus nous cède sa conquête,
   Le lys courbe sa tête,
Et la reine à sa sœur soupire ses adieux.

« Je vais mourir..... » Arrête ! oseras-tu, ma lyre,
D'un ange d'Héloïm retracer les malheurs,
Peindre de ses adieux le funèbre délire ?
   Je ne veux que les lire,
Pour ne pas altérer le texte des douleurs.

Muse, écoute! elle parle à la Vierge sublime,
Dont la fermeté d'ame étonna les bourreaux;
Oui, tu respecteras ce secret magnanime,
      Que pour tromper le crime
L'Eternel exhuma de la nuit des tombeaux!

Quand une autre Stuart consent à la défense
De ses jours aussi purs que l'azur d'un beau ciel,
Quel courage serein, né de la conscience,
      Brille chez l'innocence!
Elle boit avec calme à la coupe du fiel.

De l'amour maternel dirais-tu l'agonie,
La vertu qui confond de profanes complots?
Du Cinnor des Hébreux la plaintive harmonie,
      Sous les doigts du génie,
Ne pourrait de Rachel (1) exprimer les sanglots.

Muse, relis souvent l'écrit dépositaire
Des paroles de paix que tracèrent ses mains.
De ses derniers pensers, transfuges de la terre,
      Le divin caractère
Echappe, inimitable, au pinceau des humains.

Quand sous des murs d'airain, bravant sa destinée,
Elle instruit ses enfans qu'elle vient de bénir,

---

(1) *Nolentis consolari super eis, quia non sunt.*
                        Jérém., chap. xxv.

ODE II.

Oubliant qu'elle atteint sa suprême journée,
    L'auguste condamnée
De sa postérité protége l'avenir.

Comme ses os sacrés qu'une horde homicide
Croyait anéantir sous des sables de feu,
Le pieux Testament d'une sainte héroïne
    Survit à sa ruine,
Et révèle aux mortels la justice de Dieu.

Le tabernacle s'ouvre...., un doux rayon l'éclaire :
Le prêtre qui revêt l'éphod et le bandeau,
Quand la myrrhe odorante en vapeur funéraire
    S'exhale au sanctuaire,
Lave la robe impie au pur sang de l'agneau.

La chaire apostolique honorant la mémoire,
Et le legs immortel d'une veuve de roi,
Sur le marbre éloquent qui proclame sa gloire,
    Unit à sa mémoire
Les lys de la couronne aux palmes de la foi.

Tel au sommet d'Oreb, sur ses cimes hardies,
Expiant d'Israël le long égarement,
Aux regards des tribus, du sang d'Enoch sorties,
    Sur l'autel des hosties
Moïse a consacré l'arche du Testament.

ODE III.

L'HÉROIQUE DÉVOUEMENT

DE LAMOIGNON-MALESHERBES.

Quel est ce magistrat qui, des prisons sinistres
   Brisant le noir guichet,
Ravit, sous un roi juste, au pouvoir des ministres
   Les abus du cachet?

Quel est cet orateur qui, de l'avide usure,
   Seul, réprimant l'essor,
Ferma le gouffre avare où la finance obscure
   Engloutissait notre or (1)?

C'est celui....! c'est un sage, ou plutôt Malesherbes
   Que je chante aujourd'hui.
Ecoutez, humbles cœurs et vous ames superbes,
   Ma muse est avec lui :

« Lorsque dans ton exil tu cultivais des roses
   » Aux bosquets de Verneuil,
» Libre des vérités qui, sous ta plume écloses,
   » Nous prédirent le deuil!

(1) Sévérité contre la maltôte.

» Tu ne soupçonnais pas que ta philosophie,
» Si noble en ses erreurs,
» Verrait les passions que l'honneur déifie
» Se changer en fureurs.

» Tu ne soupçonnais pas qu'un monarque propice
» Au destin des mortels,
» Passerait tout à coup de son lit de justice
» Au banc des criminels !

» Oubliez, Lamoignon, et votre exil injuste,
» Et vos quatre-vingts ans ;
» Aux gardiens de la tour où gémit l'homme auguste,
» Montrez vos cheveux blancs !

» Louis, dont l'infortune épouvante la terre,
» Dort loin de son palais :
» Venez ! là vous attend le plus beau ministère
» Que vous eûtes jamais. »

C'est ainsi qu'autrefois un esprit magnanime
Parlait au magistrat
Qui fut, dans la tempête, un naufragé sublime
Du vaisseau de l'état.

Il apprend que son roi, chez tout un peuple en larmes,
Prisonnier, trop soumis,
Chrétiennement s'apprête à déposer les armes
Devant ses ennemis.

LIVRE II.

Cet illustre vieillard, de l'auguste innocence
      Veut combattre le sort;
Et son cœur s'est armé, fier de sa conscience,
      Du mépris de la mort.

Cependant, à la vie on sait que le vieil âge
      Tient avec plus de soin,
Et cherche à reculer le terme d'un voyage,
      Qui pour lui n'est pas loin.

D'un si beau mouvement (1) Lutèce est attendrie:
      Et, dès ce même jour,
On dit que l'œil divin sourit à la patrie
      D'un immortel amour.

DESÈZE, et vous, TRONCHET, vous marcherez sans doute
      Sur ses illustres pas !
Assistez le malheur, dépouillé sur sa route
      Des grandeurs d'ici-bas !

A des Fairfax nouveaux qu'étonna son courage,
      Le monarque a parlé:

---

(1) M. de Malesherbes s'était présenté pour défendre le Roi, qui avait accepté avec une vive sensibilité cette proposition, que l'on peut appeler héroïque; voici en quels termes est conçue l'offre du vénérable garde-des-sceaux : cette lettre est adressée (13 décembre 1792) au président de la convention : « J'ai été appelé deux fois au conseil de » celui qui fut mon maître, dans le tems où cette fonction était am- » bitionnée par tout le monde; je lui dois le même service lorsque » c'est une fonction que bien des gens trouvent dangereuse. »

ODE III.

L'aïeul saint des Bourbons conjure en vain l'orage;
   Mais le ciel s'est voilé.

Alors dans l'assemblée où régnait l'imposture,
   Une voix s'entendit!...
Aux plus nobles accens qu'inspira la nature,
   L'écho seul répondit.

Mais la postérité, qui couronne le sage,
   De force revêtu,
Consacre, ô Lamoignon! un séculaire hommage
   A ta haute vertu (1)!

Il eut du roi-martyr les dernières pensées,
   Et le saint abandon;
Ses assassins ont vu sur ses lèvres glacées
   S'annoncer le pardon.

Comme on voit, au foyer qui lentement s'allume,
   L'encens évaporé
Parfumer lentement le feu qui le consume
   Dans le vase sacré.

---

(1) Dans les premiers jours de janvier 1793, un Anglais écrivit à M. de Malesherbes : « Ce qui doit rassurer les ames généreuses et sensibles, c'est que le plus malheureux des rois a pour défenseur le plus vertueux des hommes. » Malesherbes lui répondit : « Si mes efforts sont vains, le défenseur du plus vertueux des rois sera le plus malheureux des hommes. »

Ou telle quand la voix s'exhale au loin sonore
Vers le séjour des dieux,
A l'air qui la détruit la voix imprime encore
Un son mélodieux.

ODE IV.

L'IMPIÉTÉ DU SIÈCLE.

A MON COUSIN P. F. DE BAUSSET-ROQUEFORT, ARCHEVÊQUE D'AIX.

L'impie a dit : « Plus d'obstacle
» Au triomphe de l'erreur;
» Déjà le saint tabernacle
» Est en proie à ma fureur;
» Brisons la vigne céleste! »
Il dit : son glaive funeste
Touche le cep et se rompt;
Il veut dévorer la manne,
Mais dans sa bouche profane
Le mets divin se corrompt.

Le noir esprit qui s'enivre
Au vase amer de l'orgueil,
Trouble l'Eglise, et la livre
A son infernal écueil.
En vain la croix pastorale
Du tyran de la morale
Combattait l'oppression,
Il s'élance de l'abîme
Au mont qui voit sur sa cime
Paître l'agneau de Sion.

Ce montre, ami du blasphème,
Dans nos climats infectés,
Ose au ciel s'élever même
Du bourbier des voluptés;
Habitant des précipices,
Il se promet les délices
Des élus de Chanaan ;
Croit-il que l'apôtre esclave
Laisse dormir au conclave
Les foudres du Vatican?

Les ordonnances sacrées
Semblent languir sans pouvoir:
Les brebis sont égarées
Loin des sentiers du devoir;
Et du sacerdoce austère
Repoussant le ministère,
L'impie aime à disperser
Cette lèpre de l'Asie
Que le charbon d'Isaïe
Ne saurait plus effacer.

Riche ingrat, ame indocile,
Dit le fils de l'Eternel,
Tu vois un bonheur facile
Dans un plaisir criminel!
Tu te plonges dans la joie,
Quand au père qui m'envoie

Tu devrais te confier;
Et c'est toi qui veux l'absoudre!
Mais par les coups de sa foudre
Dieu va se justifier.

Ecoutez, fiers politiques,
Ne régentez plus les rois!
Sur vos autels domestiques
Replacez les douze lois;
Vous verrez l'obéissance
Du peuple dont la puissance
Pour l'instruire vous élut;
Point de lois sans la sagesse!
C'est Dieu seul qui la professe,
Et hors Dieu point de salut!

« Rentrez, dit-il, en mes grâces,
» Des champs coupables colons!
» L'impiété suit vos traces,
» Et je bénis vos sillons.
» La nature est le seul temple
» Où ma colère contemple
» Vos égaremens nombreux;
» Revenez! je vous accorde
» L'eau de la miséricorde
» Qui coulait pour les Hébreux.

» Ouvrez la Charte céleste
» Du pontife des Romains,

» Don sacré qui vous atteste
» Ma bonté pour les humains !
» Paul, selon l'œuvre des sages,
» Converti dans trois naufrages,
» Sort vainqueur de sa prison ;
» Repentez-vous ! ma piscine
» Rendra la santé divine
» Aux lépreux de la raison.

» Dans les murs de la Syrie
» Quand, de son glaive, un païen
» Menaça dans sa furie
» L'apôtre corinthien,
» C'est en vain que le perfide
» Pour cacher son rapt timide
» L'enchaîna sous son manteau ;
» De Dieu la main fut plus forte,
» Et Paul vit tomber sa porte
» Sous l'angélique marteau. »

Ah ! Bausset, que ces paroles
Viennent calmer tes douleurs !
Nourris d'humbles paraboles
Mon ame, sujette aux pleurs !
Notre race pervertie,
Qui devant l'Eucharistie
Veut en vain fermer les yeux,
Ne peut nier par caprice

La vertu libératrice
De son pain mystérieux.

Mais qu'allons-nous dire aux hommes
Qu'aveugle l'esprit obscur?
Est-ce dans l'âge où nous sommes
Que doit briller le jour pur?
Non : lentement dans les ames
Portons les célestes flammes
Dont le vif éclat te luit,
Pour qu'une divine aurore
De ces cœurs faibles encore
N'épouvante pas la nuit.

Ainsi quand l'astre du monde
Vient éclairer l'univers,
Par degré du sein de l'onde
Il monte au trône des airs :
Dieu veut que notre œil débile
Ait de son foyer mobile
Eprouvé la lente ardeur,
Pour qu'en sa course première
L'œil dans des flots de lumière
S'habitue à sa splendeur.

ODE V.⁽¹⁾

Israël de l'Egypte ayant fui le rivage,
La maison de Jacob, le trop long esclavage
   Des barbares du Nil;
Dieu, sensible aux fléaux qui l'avait obsédée,
Pour y fonder ses lois voulut de la Judée
   Sanctifier l'exil.

Cette mer, qui le vit, précipita sa course;
Le Jourdain refoula vers son antique source
   Ses flots hospitaliers :
Ainsi que des agneaux, sur leur base en ruines,
On vit sauter les monts, et bondir les collines,
   Ainsi que des béliers.

Mer, pourquoi dans ton cours refluer frémissante?
Jourdain, pourquoi chasser ton onde obéissante,
   Loin de tes bords féconds?
Pourquoi, vous, monts tremblans, vous, collines dociles,
Des béliers, des agneaux, sur vos bases mobiles,
   Imitiez-vous les bonds?

Sous le Dieu de Jacob a tressailli la terre :
L'éclat de sa présence explique ce mystère,

---

(1) Psaume de David (cxiii^e).

ODE V.

Loin de nous le cacher;
Lui seul changea la pierre en un fleuve rapide,
Et fit jaillir les eaux en fontaine limpide,
D'un stérile rocher.

Est-ce à nous qu'appartient cette gloire sacrée?
Non, Seigneur : en ton nom cette gloire adorée
Doit briller en tout lieu!
Ne rapporte qu'à toi ta vertu, ton empire,
Pour que les nations désormais n'osent dire :
« Mais où donc est leur Dieu? »

Jéhova seul réside en son ciel tutélaire;
Lui seul, resplendissant du jour qui nous éclaire,
A brisé ces autels
Où de vingt nations les idoles d'argile,
Bien que d'or ou d'argent, sont l'ouvrage fragile
Des fragiles mortels.

Sourds, aveugles, muets, et grossières idoles,
Sans oreilles, sans yeux, sans gestes, sans paroles,
Ces dieux n'existent pas :
Ces dieux portent des mains, mais ces mains touchent-elles?
Ces dieux portent des pieds; mais ces masses rebelles
Ne peuvent faire un pas.

O simulacres vains que l'ignorance adore!
Tout, même leur encens, n'est-il pas inodore

LIVRE II.

Pour ces dieux sans pouvoir?
Ces dieux ont une langue et n'ont point de langage;
Des oreilles qu'un son n'émeut pas davantage,
    Et des yeux sans y voir.

Dans un état stupide à jamais leur ressemblent
Ces ouvriers obscurs qui devant ces dieux tremblent,
    Fiers d'un sot appareil!
Qu'artisans de l'erreur ceux-là qui les polissent,
S'ils espèrent en eux, tombent et s'avilissent
    Dans un néant pareil!

La maison d'Israël dans le Seigneur espère:
Son divin tabernacle est le céleste père
    Qui n'a pu l'oublier;
La maison de Jacob, aux plaines Idumées,
En Dieu mit son espoir, et ce Dieu des armées
    Lui sert de bouclier.

Sa bénédiction d'Israël suit la trace,
Sa bénédiction repose sur la race
    Du pieux Aaron;
Oui, du plus tendre amour consacrant la mémoire,
La bénédiction du plus haut de sa gloire
    Descend sur le Cédron.

Dieu se souvient de nous: il va bénir sans doute
Les humbles et les fiers, et tout ce qui redoute

ODE V.

Le pouvoir de sa main.
Puisse donc le Seigneur, sur nos tribus soumises,
Faire pleuvoir la manne et les grâces promises
    Au sang de Benjamin!

Les monts silencieux et ceux haïs des anges
Ne pourront, ô Seigneur! consacrer des louanges
    A ta Divinité;
Mais sois par les vivans béni dans nos cantiques,
Dès ce jour jusqu'au siècle où vers les tems mystiques
    Marche l'éternité!

ODE VI.

L'ENTRÉE DU ROI DANS PARIS.

(1815.)

Quel Dieu consolateur vient sourire à la France?
L'Europe était changée en un vaste cercueil;
La Discorde planait sur le trône en souffrance
    Et la patrie en deuil.

Bourbon qui, dans Hartwel vainqueur des destinées,
En silence écrivait les dogmes de sa loi,
A salué ces murs où, durant vingt années,
    Son souvenir fut Roi.

Le jeune agriculteur, victime de son âge,
Conduit aux bords du Rhin par ses humbles coursiers,
N'abandonnera plus, pour les champs du carnage,
    Ses guérets nourriciers.

Non, nous ne verrons plus les mères éplorées
Quand le Nord dévorait les enfans du Midi,
Et par des plébéiens, tyran de nos contrées,
    Le trône abâtardi.

Ainsi je préludais sur ma lyre inspirée :
Astrée avec Louis allait régner encor;

Les Plaisirs descendaient de la voûte azurée
 Sur un nuage d'or.

Lorsqu'un jour..... Déchirons le feuillet de l'histoire
Où la postérité lirait que, dans nos rangs,
On ravit aux guerriers, dont l'exil fit la gloire,
 Le pain des vétérans.

Mais déjà Louis touche au monastère antique
Où Denis a marqué la tombe de nos Rois :
Ira-t-il consulter la cendre prophétique
 Du héros de la croix ?

Interrogeant des siens l'éloquente poussière,
Il entend du saint Roi l'oracle inespéré ;
Au monotone airain qui sonne la prière,
 Répond l'écho sacré :

« Triomphe, toi qui pris tes aïeux pour modèles !
» Noble médiateur de tes fils divisés,
» Ton seul bras désarmé conquit plus d'infidèles
 » Que le fer des croisés.

» Ton cœur fit expier la parjure démence
» Qui suivait de l'erreur les drapeaux fugitifs,
» Quand l'or pur des rançons, trésor de ta clémence,
 » Rachetait les captifs.

» Chaque jour de ta vie est un jour de conquête,
» Où le bienfait est l'arme, un pardon le projet,

» Les fers des fleurs de lys, le combat une fête,
  » Le vaincu ton sujet.

» Je reconnus en toi, sous l'arbre de Vincenne,
» Les vénérables traits d'un monarque pasteur,
» Et ma main couronna de la feuille du chêne
  » Ton front législateur.

» Tu rendras ta patrie à sa splendeur première:
» Fais, par tes soins pieux, fructifier la paix;
» Et de longs cris d'amour viendront de la chaumière
  » Réjouir ton palais.

» Rassemble en ses remparts tous les talens propices:
» Ressuscite les arts, doux trésors des mortels;
» Et, demi-dieu du peuple, élève des hospices
  » Où seront tes autels.

» L'hydre des factions sous ton foudre succombe;
» Et si j'en crois au ciel des présages écrits,
» Un auguste berceau sera bientôt la tombe
  » Où se perdront ses cris.

Ici la voix se tait: et, dans ces caveaux sombres
De qui la voûte au loin redit ces derniers mots,
Le murmure confus de cent royales ombres
  Applaudit le héros.

Rentre en nos murs, Louis : plus de deuil, de désastre;
La révolte hypocrite a voilé sa douleur;

ODE VI.

Vois tomber devant toi la rose de Lancastre,
    Yorck prend ta couleur!

Mille étendards flottans blanchissent l'atmosphère:
Le bronze tonne au loin; rassurez-vous, Français!
Ce bruit n'annonce plus le démon de la guerre,
    Mais le Dieu de la paix.

ODE VII.

LES DEUX GLOIRES [1].

Tombez, obélisque superbe,
Trône d'or, colosse d'airain,
Rampez, humiliés sous l'herbe,
A la voix du Tems souverain!
Sur les débris de vos colonnes
Sa faux, renversant les couronnes,
Redoute ma divinité,
La Gloire qui, bravant sa haine,
Rit de ce tyran, et l'enchaîne
Aux autels de l'éternité.

Ce n'est point cette aventurière
Qu'escortent les sombres Douleurs,
Qui, dans sa course meurtrière,
S'enivre à loisir de nos pleurs;
Qui, prête à tout réduire en poudre,
Trempe le fer, forge la foudre,
Arme tous les peuples tremblans,
Allume les guerres civiles,
Pille les champs, brûle les villes,
Et dort sur des lauriers sanglans.

[1] A l'occasion du rétablissement de la statue de Henri IV.

ODE VII.

Non, mortels, non, c'est la déesse
Que maudit la valeur des rois,
Quand le flambeau de la Sagesse
N'a point éclairé leurs exploits;
Déité dont la force auguste,
Désavouant le glaive injuste,
Ne soupire que pour la paix,
S'arme à regret de son tonnerre,
Et qui ne fait gémir la terre
Que du seul poids de ses bienfaits.

Tels sont ce fleuve pacifique,
Ce torrent aux flots vagabonds :
L'un, calme en son lit magnifique,
N'envahit point ses bords féconds;
Quand le fleuve, aux mers du vieux monde,
Pour naturaliser son onde,
Franchit les Alpes sans orgueil,
L'autre, impétueux et sauvage,
Usurpant son double rivage,
Torrent, se perd dans un écueil.

Les deux Gloires ont leurs deux temples;
Portons-y nos pas : quels tableaux !
C'est là que d'illustres exemples
Expliquent leurs succès rivaux.
Au palais de l'aventurière
Je vois la démence guerrière
Dans tout son hideux appareil;

Delhy brûle, et de l'incendie
C'est le feu que Thamas dédie
Aux adorateurs du soleil.

Loin de moi ces héros cyniques,
Vil peuple au carnage excité !
Sous l'or sanglant de leurs tuniques
Habite la férocité.
Attila, vois-tu d'Aquilée
Planer la cendre amoncelée
Sur tes homicides drapeaux :
Vainqueur, ose rêver la gloire,
Tandis que ton char de victoire
Ne roule que sur des tombeaux !

Visitons la Gloire que j'aime :
Son temple offre aux yeux attendris
BOURBON, alimentant lui-même
Son peuple assiégé dans Paris,
Alors qu'en ses tristes murailles
La faim, reine des funérailles,
Rendait hideux l'arrêt du sort,
Quand sur des os réduits en poudre
Le ligueur, qu'il daignait absoudre,
Vivait des restes de la mort.

Quel jour pour nos aïeux antiques,
Lorsque Paris dans ses remparts
Vit le char des vieux hérétiques

Accompagner ses étendards!
Il pardonna : Lutèce et Rome
N'ont jamais compté de grand homme
Plus cher à la Divinité
Que ce Bourbon de notre histoire,
Qui sut interpréter la gloire
En faveur de l'humanité.

Le Tems a dit : « Tombez, colonnes,
» Autels consacrés aux tyrans!
» Flétrissez-vous, fières couronnes,
» Sur le cercueil des conquérans!
» Pour vous, des rois humains et sages,
» Relevez-vous, nobles images,
» Du monde charmez les regards;
» Henri, je te rends ta statue,
» Que de sa pompe a revêtue
» Le patriotisme des arts! »

Ainsi renaît par sa magie
Ce Roi, dont en un jour fatal
Le crime brisa l'effigie
Pour défigurer son métal;
Sur ce coursier dont le monarque
Aux ligueurs blessés, non loin d'Arque,
Prêtait le belliqueux abri;
Il semble du haut de sa gloire
Ecouter les cris de victoire
Qu'on répétait aux champs d'Ivri.

ODE VIII.

CANTIQUE DE MOÏSE,

APRÈS LE PASSAGE DE LA MER-ROUGE [1].

Oui, sa magnificence a brillé glorieuse!
Chantons l'hymne au Seigneur pour l'en remercier!
Il a plongé vivans dans la mer furieuse
  Et l'homme et le coursier.

Je mets toute ma force en la toute-puissance
De ce Dieu juste et fort, qui pour lui seul m'élut:
C'est le Dieu de mon père, et ce Dieu que j'encense
  M'a fait dans le salut.

Comme un fier combattant, il engloutit dans l'onde
Pharaon et son char, et ses traits meurtriers;
La Mer-Rouge a reçu dans sa vase profonde
  L'orgueil de ses guerriers.

Pour les dévorer tous, les flots s'amoncelèrent,
S'élevant jusqu'au ciel en présage d'horreur;
Pour les écraser tous, les écueils s'assemblèrent
  Quand souffla sa fureur.

  Ta droite, ô Seigneur! est robuste,
  Ton courroux jamais endormi;

[1] Traduit sur le latin du texte hébreu-samaritain.

ODE VIII.

Ton courroux ne fut point injuste :
Ta droite a frappé l'ennemi !

L'ennemi disait avec joie :
« Sa dépouille est à son bourreau ;
» Bientôt Israël est ma proie ;
» Tirons le glaive du fourreau ! »

Mais tu soufflas, et pour sa perte,
Cet ennemi long-tems fatal
Tomba dans la vague entr'ouverte,
Du poids dont tombe un vil métal.

Edom et Chanaan connurent l'épouvante ;
Les plus forts de Moab s'évadèrent comme eux ;
Le pâtre impie a craint sur sa plage mouvante
   Un déluge de feux.

Sur nos persécuteurs a rué ton tonnerre :
La grandeur de ton bras surprit les fugitifs ;
Et dans l'état muet d'une immobile pierre
   Les arrêta captifs.

Oui, tu les tins captifs jusqu'à l'heure propice
Où ton peuple eut franchi, sans craindre le trépas,
Cette mer dont ton œil sécha le précipice
   Pour protéger nos pas.

Tu conduiras ton peuple au mont de l'héritage,
Dans le saint tabernacle, ouvrage de ta main,

Où tu dois, nuit et jour, recevoir sans partage
      L'encens de Benjamin.

La mer s'est divisée, et Mirja, prophétesse,
Ressaisit tout à coup le sacré tympanon;
Et tes vierges, Seigneur, la suivent dans l'ivresse,
      Glorifiant ton nom!

Elles chantaient : « Sa force a brillé glorieuse;
» Disons l'hymne au Seigneur, pour l'en remercier!
» Il a plongé vivans dans la mer furieuse
      » Et l'homme et le coursier. »

ODE IX.

LES TOMBEAUX EXPIATOIRES.

Que le marteau sacré frappe l'airain sonore!
Qu'un nuage d'encens sur l'autel s'évapore!
  La mort tient son flambleau :
Levez-vous, paraissez, ô victimes célèbres,
Vous qui depuis vingt ans, par vos soupirs funèbres,
  Implorez un tombeau!

Elle sonne cette heure où la bonté céleste
Attendrit les mortels dont un astre funeste
  Eclaira les forfaits;
Les douleurs du remords doivent les faire absoudre,
Les pleurs du repentir vont éteindre la foudre
  Dans les cieux satisfaits.

Pour des morts ignorés quelques grains de poussière,
Quelques cyprès voisins d'une tombe grossière
  Attestent notre deuil,
Et du meilleur des rois la dépouille sacrée
Par un sable de feu dans un jour dévorée,
  N'a point eu de cercueil.

Contemple des Césars cette fille immortelle?
Et vois ce jeune élu qui voltige autour d'elle,

LIVRE II.

Consoler la vertu !
Du séjour éternel tu la verras descendre,
Mais quand elle viendra te demander sa cendre,
Que lui répondras-tu ?

Quoi ! tu reviens encor, ô janvier, mois sinistre !
L'ange exterminateur, de nos fureurs ministre,
S'arrête sur Paris :
Son vol silencieux attriste la nature,
Il mêle aux tourbillons d'une vapeur impure
Et le sang et les cris.

Lorsque de Pharaon le peuple sacrilége
Immolant aux faux dieux, entre au temple et l'assiége
De cris profanateurs,
Sur les rives du Nil, théâtre de misère,
Le ciel a déchaîné dans sa juste colère
Des fléaux destructeurs.

Que des autels vengeurs le culte expiatoire
Aux yeux de l'univers qu'effraya notre histoire,
Charme mes tristes yeux...
Là, nos cœurs d'un tombeau, Louis, marquent la place :
Il sera consacré par l'immortelle trace
De ton sang précieux.

Dans les fastes pieux de l'antique Solyme
Dérobant en ce jour un usage sublime,
Né du doux repentir,

ODE IX.

Honorons la vertu d'un prince de la terre :
Venez, peuples, venez boire une eau salutaire
    Au tombeau du martyr !

Ombre d'Elisabeth, que le ciel me découvre,
Tu ne regrettes plus les lambris de ce Louvre
    Qu'honora ta grandeur ;
Dans son vert Elysée (1) un cœur français t'attire,
Il y sut marier les roses du martyre
    Aux lys de la pudeur.

Chêne, qui d'un roi saint ombrageais la justice,
Du dernier des Condé tu vis le prompt supplice
    Dont s'indigna la loi ;
Depuis l'instant fatal, quand la nuit devient sombre,
Sur la tour de Vincenne on entend gémir l'ombre
    Du vainqueur de Rocroi.

Salut ! tristes captifs dont une nef perfide
Confondit, par les nœuds d'un hymen homicide,
    Et le sexe et le rang ;
Quand des ministres saints la troupe lapidée
Recevait avec joie aux champs de la Vendée
    Le baptême de sang !

Martyrs de Quiberon, votre ame est consolée,
Lutèce embellira le royal mausolée
    De vos noms glorieux ;

(1) M. Descloseaux.

Ces noms que des exploits, que des vertus honorent,
Du marbre, du ciment, du bronze qu'ils décorent,
   Seront victorieux.

De l'antique abbaye ouvrons le tabernacle!
Pénétré du bonheur que la voix d'un oracle
   Lui promit autrefois,
Déjà le peuple en foule inonde ses portiques,
Et joint des chants pieux aux sublimes cantiques
   De la fille des rois.

Nos yeux, nos tristes yeux n'ont pas assez de larmes
Pour pleurer, en ce jour où le deuil a des charmes,
   Un prince infortuné!
Mais pleins du repentir que le ciel nous accorde,
Embrassons les autels de la miséricorde!
   Louis a pardonné.

ODE X.

LA PRÉDICTION.

(1818.)

Après que le bruyant orage
A vu les fleuves débordés ;
Quand Borée a porté sa rage
Loin des champs, de pluie inondés,
Le pasteur, caché sous le hêtre,
Ranime sa flûte champêtre,
Muette un instant sous ses doigts,
Et Philomèle rassurée,
Recommence l'hymne sacrée,
Qu'elle adressait au dieu des bois.

Ainsi, la muse de Sicile,
M'invitant aux humbles concerts,
Enfle son chalumeau docile
Au simple rythme de mes vers :
Mais est-ce l'asile du pâtre
Qui de ma joie est le théâtre?
Non : mon luth veut de fiers accords
Quand la Seine, amante du Louvre,
Porte un berceau que je découvre
Sur la majesté de ses bords.

LIVRE II.

Deux fois la belle Néréide
A vu naître et mourir le jour,
Depuis que sur son sable aride
S'est signalé son tendre amour ;
« Lance tes rayons sur mon urne,
» Disait-elle à l'astre nocturne,
» Lucine approche de ces lieux ! »
A ces mots Lucine asservie,
Du poids d'une seconde vie,
Sèvre l'Hymen laborieux.

Chantons, et que la France entière
Répète nos accens nouveaux !
Peuples, saluez l'héritière
De l'héroïne de Bordeaux ;
De ses vertus elle est le gage,
Et sa naissance le présage
D'un légitime successeur :
Tel, en renouvelant sa course,
Sans jamais altérer sa source,
Le sang toujours revient au cœur.

Je sais bien qu'une autre espérance
Souriait au trône des lys ;
Mais console-toi, noble France,
Tes destins seront accomplis.
Il naîtra ce fils dont l'histoire
Verra s'enorgueillir la gloire

ODE X.

Des triomphes du souvenir;
Il naîtra : sa sœur me l'atteste,
Et je vais apprendre le reste
Dans le temple de l'avenir.

Au prophétique sanctuaire
J'ai porté mon brillant essor;
Là, sur un autel séculaire,
Se perpétue un rameau d'or :
Symbole d'une race antique,
Sa feuille royale et mystique,
Sans mélange s'y reproduit;
Il ressemble au rameau d'Enée,
Et sur sa tige couronnée,
Une fleur nous promet un fruit.

Ne doutons pas que la Princesse
Ne devance un jeune héros,
Qui doit, guidé par la Sagesse,
Fertiliser le doux repos !
Je le vois dompter la Fortune,
Confier sa nef à Neptune,
Protéger d'utiles travaux,
Et bientôt ses vertus aimées
Brillent entre les renommées
Comme l'or parmi les métaux.

Salut donc, messagère illustre
D'un enfant de soixante rois !

Sur lui fais rejaillir le lustre
Que dans tes regards j'aperçois !
Viens, que ta naissante lumière
Prépare un instant ma paupière
Au plus éclatant appareil !
Sois l'espérance de ma vue,
Comme Phébé que je salue
Avant le lever du soleil !

LIVRE TROISIÈME.

ODE I.

LA NAISSANCE DE Mᴳᴿ LE DUC DE BORDEAUX.

Le bronze des autels et l'airain des batailles
Ont salué vingt fois les portiques royaux :
Paris n'a point assez, pour parer ses murailles,
    De fleurs et de drapeaux.

Peuple, réjouis-toi! la tombe est consolée :
Le veuvage sourit en retenant ses pleurs;
Et Caroline entend la voix du mausolée
    Qui charme ses douleurs.

Quels cris universels d'espérance et de joie!
L'avenir est à nous : les tems sont accomplis;
Dieu, du manteau sacré que le trône déploie,
    A soulevé les plis....

Il est né : le voilà! c'est sa première gloire.
Aux dangers des héros Bourbon s'offre en naissant,
Et son premier soupir atteste une victoire
    Sur le crime impuissant.

Oh ! que n'ai-je à l'instant, pour en ceindre sa tête,
Et nos lauriers nouveaux et ceux de Fontenoi !
Salut, prédestiné de la grande tempête !
    Un Dieu veillait sur toi.

C'est le Dieu de Clovis qui tonnait sur les mondes;
Ton père le conjure, il n'est plus irrité;
Le lys a refleuri sur des cendres fécondes
    Pour la postérité.

Chante avec nous, Malherbe, un trône impérissable
Que l'époux de Clotilde a conquis aux Français !
Tout présage aux Bourbons un sang inépuisable
    Autant que leurs bienfaits.

Dis aux Ligueurs jaloux d'une vie incertaine :
« Cet enfant, contre vous protégé par le Ciel,
» Régnait, inaccessible aux poignards de la haine,
    » Dans le sein maternel. »

Laissons-les espérer, laissons-les entreprendre,
Il suffit que sa cause est la cause de Dieu,
Et que, près de Louis, *ella a pour le défendre,*
    Les soins de Richelieu ! (1)

Ainsi dans nos climats, phénomène propice,
S'avançait dans l'orage un monarque au berceau

---

(1) Malherbe, *Ode au Roi*.

Qui vient de la Discorde aux pieds de la Justice
    Eteindre le flambeau.

Tel est ce Roi des jours que l'orient adore,
Si par l'astre des nuits son orbe est effacé,
Il pâlit, mais soudain fait jaillir une aurore
    De son char éclipsé.

Cher prince, que le nom d'une cité fidèle
Dédie au premier vœu d'un auguste retour,
Le vainqueur de la Ligue à son trône t'appelle
    Pour un siècle d'amour !

Nos danses, nos festins, le tambour et la lyre,
Nos toits illuminés par un défi jaloux,
Semblent dire à l'objet du plus touchant délire :
    Tous les cœurs sont à vous !

Henri..... Mais taisez-vous ; voici, muses royales,
Malherbe dont Lutèce admira les accens !
Faisons-lui respirer ces roses baptismales
    Qu'il préfère à l'encens ;

Le voici ! je l'atteins au banquet du Parnasse,
Où l'Apollon des lys s'enivre de nectar.....
Embrassons-nous, Malherbe ; et toi, divin Horace,
    Chante un hymne à César !

ODE II.

RÉVÉLATION D'ORPHÉE.

Oui, je me lèverai sur la terre promise!
Les échos du désert, et les lois de Moïse
Me nomment le seul Dieu que je dois écouter:
Oui, je me lèverai sur le front des idoles!
Et la terre avec moi redira ces paroles:
« J'adore le Seigneur qui vient me visiter. »

Faudra-t-il encenser l'inspiré de Médine,
Dont l'absurde Alcoran trouble la Palestine,
Encor teinte du sang des martyrs de la foi,
Et qui, d'illuminés que sa ferveur embrase,
Peuple un ciel de houris, ou, dans sa folle extase,
Fait de l'astre des nuits l'emblème de sa loi?

Bénirons-nous la main qui, dans les murs de Rome
Taillant son Jupiter modelé sur un homme,
Déifie un tyran, la honte des Césars?
Le temple de l'apôtre, et ses saints édifices,
Pour jamais ont banni les sanglans sacrifices,
Et le vieux Capitole est l'Olympe des arts.

Ah! que n'est-il permis au pouvoir de ma lyre
De peindre l'idolâtre et le honteux délire

Qui du Nil abrutit le pontife insolent,
Quand ce blasphémateur d'un astre roi du monde
Sans remords sacrifie au crocodile immonde,
Ou devant un taureau s'agenouille en tremblant.

Ici, l'arboribonze interroge une idole
Dont la démence attend l'oracle bénévole
D'une idole sans vie, oracle inentendu;
Entraîné par l'accès d'une fureur stupide,
Il refait à l'instant ce dieu, s'il le lapide,
Ou rachète ce dieu sitôt qu'il l'a vendu.

Que d'erreurs! Des vieux tems la voix est étouffée :
Rhodope, tes échos nous rediront qu'Orphée
A depuis trois mille ans instruit les nations;
Redoublant des païens la fabuleuse ivresse,
Prends ton luth et triomphe, ô chantre de la Grèce!
Dans le dédale obscur des superstitions.

« Par delà tous les cieux, demeure solennelle
» Qu'embrasent les rayons de sa gloire éternelle,
» Majestueusement, Dieu, sur un trône d'or,
» Dans les airs, sur les flots, au milieu des tempêtes,
» Agite son tonnerre, ou, sur nos humbles têtes,
» De sa magnificence épanche le trésor.

» Il voit tous les humains et leur est invisible:
» Essence d'équité, sa puissance paisible

» De la miséricorde est le temple sacré.
» Tout change autour de lui, lui jamais; et sans doute
» C'est le fils de ce Dieu que la céleste voûte
» Sur le mont chaldéen a vu transfiguré.

» La terre sous ses pieds marche silencieuse;
» Des superbes rochers la cime audacieuse
» Tremble au loin sous le poids de son courroux divin:
» Il atteint de son bras les limites de l'onde,
» Sans lui rien n'est, ne fut, ne sera dans le monde,
» Il est seul le milieu, le principe et la fin (1). »

Tel qu'un navigateur qui, durant dix années,
Cherche sur l'Océan les îles Fortunées,
Evitant mille écueils et des monstres divers;
Et par de longs malheurs, par de nombreux naufrages,
Achète enfin l'aspect de ces heureuses plages
Qu'appelait sa constance au bout de l'univers.

Ou tel que l'habitant des sables de Golconde,
Qui, creusant sous le fer une mine profonde,
D'un antre souterrain explorait les débris,
Au frauduleux éclat de vingt métaux vulgaires
Se trompe, et voit enfin à ses pieds téméraires
Etinceler le roi de ces riches lambris.

---

(1) Fragment d'Orphée, cité par Brunck dans ses *Analectes*, et faussement attribué à Onomacrite, selon ce célèbre helléniste.

LIVRE III.

Ainsi l'homme est entré dans la terre promise :
L'écho de Béthléem et la voix de Moïse
Lui révèlent ce Dieu qui dut le racheter.
Vainqueur, il s'est levé sur le front des idoles,
Et la terre avec lui redira ces paroles :
« J'adore le Seigneur qui vient me visiter ! »

ODE III.

LE CENTENAIRE DES INVALIDES [1].

Canon de Chantilly (2), vétéran de la gloire,
Gardien d'un noble temple ouvert aux vieux exploits,
Réponds, toi dont l'organe annonçait la victoire,
Qui donc sous ces drapeaux a réveillé ta voix?

J'ai vu des potentats que l'intérêt divise
Immoler à la paix des vœux irrésolus,
Et tu grondes encor, toi, qui prends pour devise
La bruyante raison des rois qui n'en ont plus?

Mon cœur a deviné la publique infortune
Et l'heure d'un trépas qui confond tout orgueil;
Condé n'est plus : grand homme, il suit la loi commune
Qui retient l'homme obscur sous les clefs du cercueil;

Il n'est plus! et déjà la lugubre harmonie
Nous convoque au cercueil du Nestor des soldats,
Qu'on a vu se nourrir, au camp de Germanie,
D'un pain qu'avait noirci la vapeur des combats.

(1) A l'occasion de la mort de S. A. S. monseigneur le prince de Condé.
(2) On sait qu'à Chantilly les princes de Condé conservaient plusieurs canons, transférés depuis à l'hôtel des Invalides.

N'est-ce pas toi, réponds, dont la bouche homicide
A soufflé la terreur sur un peuple insensé,
Quand Fribourg vit des mains d'un aïeul intrépide
Le sceptre militaire en ses lignes lancé?

Compagnon du héros dont s'honora la France,
Tu protégeais sa tente et ses hardis travaux,
Quand un fol ennemi, vainqueur en espérance,
Au belgique arsenal promettait nos drapeaux.

Toutefois, entouré de sa pompe guerrière,
Qui du tems destructeur a repoussé les coups,
Le père des Condés termina sa carrière;
Mais le plus beau de lui demeurait parmi nous.

Il n'est plus! gémissons, puisque toute la terre
Sait que par sa constance ils furent ennoblis
Ces tems où, triple appui du trône héréditaire,
Trois Condés soutenaient l'écusson des trois lys.

De trois un seul nous reste, et cette illustre tête,
Echappée aux malheurs, cède au poids des regrets:
Comme lui, solitaire après une tempête,
Le palmier du désert pleure entre deux cyprès.

Ainsi, lorsque l'airain grondait sur le rivage,
Près d'un funèbre autel s'exhalait en ces mots
Le noble désespoir d'un vétéran dont l'âge
Figurait tout un siècle au cercueil du héros:

« Ce canon, disait-il, tout rongé par la poudre,
» S'il fut cher au héros, doit nous le rappeler :
» Ordonne, art de Keller, que l'airain de ta foudre
» Représente le dieu qui la faisait parler! »

ODE IV.

LA PETITE-MAITRESSE.

Il est une beauté que blesse l'œil du jour,
Dans l'alcove soyeuse où l'aile de l'Amour
      Chasse le soufle impur d'Éole;
Pour faire un lit plus souple à son corps languissant,
Une main dépouilla de son duvet naissant,
      L'oiseau sacré du Capitole.

Une mouche bourdonne ou l'offusque à dessein :
D'un hardi papillon fixé sur son beau sein,
      L'incommode poids l'indispose.
Sous le lin délicat, empreint d'un suc de fleur,
Elle gémit : son bras s'agite avec douleur
      Froissé par le pli d'une rose.

Malheur au pied bruyant dont l'essor indiscret
En un si doux néant la trouble et la distrait!
      Inquiets au son d'une lyre
Ses nerfs souffrent martyrs des folâtres ébats;
Ses lèvres de corail ne résisteraient pas
      A la fatigue d'un sourire.

Oh! qu'elle me plaît mieux cette vierge des champs,
Qui sous son toit agreste, aux soins les plus touchans,

ODE III.

Consacrant l'été de son âge,
Des travaux d'un époux partage la moitié,
Et n'est pas moins, aux jours de fête et d'amitié,
La *Bigottini* du village.

Humble fille des champs, quand ta robuste main
Fend la glèbe ou des monts creuse l'âpre chemin,
Souvent au besoin tu succombes;
S'il te manque ce pain qui dans les champs te suit,
Je vois nonchalamment Nœris perdre un biscuit
Qu'elle émiette pour des colombes.

Tandis qu'à sa toilette on pare ses attraits,
De ces épis trompeurs qu'une fausse Cérès
A tressés pour sa chevelure,
Tu cours semer tes grains qui, fertile trésor,
D'un voile d'émeraude ou d'une robe d'or,
Doivent revêtir la nature.

Si l'utile travail, ami de la santé,
Dans tes rustiques traits animant la gaîté,
Epure le sang dans tes veines,
Pour toi ce dieu du pauvre au hameau révéré,
Sur l'arbre de la vie au tronc régénéré,
Greffa les plaisirs sur les peines.

Tu rajeunis, Chloé; la coquette vieillit:
Sur son teint virginal chaque rose pâlit;
Son œil s'éteint, son front se ride,

Le miel des voluptés énerva sa raison :
Pour réveiller ses sens la terre est sans poison,
  Et la magie est sans sylphide.

Reine de Sybaris, tu ne peux ressaisir
Ton printems moissonné par la faux du plaisir.
  Tu l'invoques, mais il t'élude :
Il s'est décoloré ton visage vermeil,
Et le trépas te livre à ce dernier sommeil,
  Dont ta vie était un prélude.

Que souriait-elle à tes sobres désirs,
O médiocrité, qu'en ses sages loisirs
  Peint le poète de Venuse !
Au temple d'Antium, si tu n'as point d'autel,
Viens déposer chez moi ton trésor immortel !
  Ce qu'un fou perd, le sage en use.

ODE V.

LA RÉVOLTE DES CORTÈS.

(1821.)

Quoi! les enfans du Cid, nouveaux Maures d'Afrique,
Érigent un trophée à la rébellion!
Ils traînent en lambeaux l'étendard catholique
    Où se dresse un lion.

Cortès en vain s'irrite : une horde insolente
Proclame, dans Madrid, ses faux imitateurs :
« Les voilà! dit enfin la liberté sanglante;
    » J'ai mes inquisiteurs. »

Le peuple est envahi, la couronne usurpée,
Le ministère saint languit dans les cachots;
Et le fidèle honneur voit la flamme et l'épée
    Décimer ses héros.

Pourquoi ces Riégo? pourquoi ce noir délire?
Veut-on, au Castillan digne de ses aïeux,
Rendre, de Charles-Quint, l'universel empire,
    Tombeau des factieux?

Vont-ils ressusciter et Sagonte et Numance,
Ou menacer nos Francs ainsi qu'à Roncevaux?
Ou, des états fameux par leur indépendance,
    Foudroyer les vaisseaux?

Non, le plus noble espoir tient leur ame enivrée ;
Dans la Floride en vain circule un fleuve d'or,
Du cloître et du palais la dépouille sacrée
   Est un plus beau trésor.

Les images du Christ veulent être abattues
Pour délivrer l'autel de son luxe fatal :
L'église violée adore ses statues
   En civique métal.

Au cirque du taureau, voici, pour d'autres fêtes,
Les chevalets dressés comme au champ mexicain !
Là, du grand et du riche on doit livrer les têtes
   Au pal républicain.

O désastre !... Isabelle, êtes-vous endormie ?
Ferdinand, souffre-tu ces tribuns révoltés ?
N'était-ce point assez que la peste ennemie
   Dépeuplât vos cités !

« L'hydre des factions infecte ce rivage,
» Héritiers du saint roi, dans le malheur vieillis,
» La discorde triomphe et son flambeau ravage
   » Le champ des fleurs de lys.

» Après tant de complots punis par la clémence,
» Ne vous lassez-vous pas d'être un peuple martyr ?
» Votre ennemi repousse, aveugle en sa démence,
   » L'éclair du repentir.

» L'affront de la clémence a redoublé sa haine :
» Ils n'ont plus qu'un espoir et vous le connaissez
» Ils ont livré les bords du Tage et de la Seine
  » A leurs dieux insensés.

» N'ont-ils pas, des autels profanateurs insignes,
» Levé sur le pasteur le marteau de la croix,
» Et sur l'Escurial arborant de vains signes,
  » Sonné l'exil des rois ?

» Aux remparts Cordouans où régnait la Prière,
» Leur Liberté, bravant et les pleurs et les cris,
» Meut son écharpe, et danse, infâme Bayadère,
  » Sur de nobles débris. »

Ainsi parle Gonsalve, et l'Europe l'écoute :
L'Europe qui prévoit son cruel avenir,
Si ses rois, enchaînés dans un coupable doute,
  Bravent le souvenir.

Mais quoi ! des Espagnols l'héroïque famille
Des guerriers de la foi couvre ses vastes champs :
J'ai vu se réveiller le lion de Castille,
  Assoupi trop long-tems.

Oui : ceux qui de la foi portent les nobles marques,
Pour un roi que le crime à son char veut traîner,
Avec nous ont crié : Dieu, qui fit les monarques,
  Peut seul les détrôner.

ODE VI.

LE CAFÉ.

Loin de moi, vase d'argile,
Où les flots d'un vin fumeux
Troublent ma raison fragile
Dans leur essor écumeux !
Au Pinde il faut que j'apprenne
Que Moka, mieux qu'Hippocrène,
A la vertu souveraine
De nous rendre un feu nouveau,
Quand le bachique breuvage
Charge d'un épais nuage
L'atmosphère du cerveau.

S'enflamme-t-il dans ma coupe,
Ce Moka jamais trompeur,
Sous l'essaim des Ris se groupe
Sa poétique vapeur.
Déridant notre Minerve,
A l'instant qu'elle s'énerve,
L'actif breuvage à ma verve
Rend un calme inattendu,
Et suspend la léthargie
D'Amour, qui, dans une orgie,
Dort sur son arc détendu.

ODE VI.

Sur la rive orientale
Naît l'arbuste précieux
Dont la pompe végétale
Charme le goût et les yeux.
Oui, sa fève chaleureuse,
D'essence anti-soporeuse,
Fut dans l'Arabie-Heureuse
Long-tems un obscur trésor ;
Mais à des chèvres sauvages
La Cérès de ces rivages
Découvrit sa moisson d'or.

Un pasteur dans ces contrées
Un soir guide son troupeau,
Quand ses chèvres égarées
Ont oublié son pipeau :
Cet arbuste que l'aurore
De son incarnat colore,
A la dent qui le dévore
Présente ses fruits féconds ;
Et jusqu'au jour indomptable,
Le troupeau, fuyant l'étable,
S'épuise en folâtres bonds.

Tel fut aux champs de l'Asie
L'heureux instinct qui d'abord
Révéla cette ambroisie
Dont je fais mon rouge-bord :
Riche de cette aventure,

LIVRE III.

L'art, maître de la nature,
Dans ces grains que la torture
Réduit en sable vermeil,
Montra l'emploi salutaire
D'un arbre qui, sur la terre,
S'abreuve aux feux du soleil.

Nise, apprends cet art magique
D'échauffer mes sens vaincus
Par le pouvoir énergique
De ces grains que hait Bacchus :
Avant qu'ouvrière adroite,
Ou ta main gauche ou la droite,
Autour de la meule étroite
Circule pour les broyer,
Dans leur prison cylindrique
Comprime leur calorique !
Vulcain va les foudroyer.

Mais sous les feux qui s'allument
Tournent les grains jaunissans ;
Leurs mânes légers parfument
Le plus subtil de nos sens.
Déjà l'arabique fève,
En élaborant sa sève,
Perd son écorce et s'élève,
Jaunie aux vives lueurs ;
Couvre-la, souvent la flamme

Voit s'évaporer son ame
En balsamiques sueurs.

Le tems limité s'écoule :
Nise, il fuit comme l'éclair,
Prends ces grains d'or, et les roule
Dans ces flancs armés de fer.
Avec soin ta main les trie,
Puis sous la roue en furie
Chaque grain se casse et crie,
Fuyant en poudre au hasard;
Livre la fleur basanée
A cette onde emprisonnée
Qui prélude à son départ.

Mais la tâche est moins grossière;
Dans ce vase, par degré,
Mets l'odorante poussière
Dont l'atome est épuré.
Grâce à ton active adresse,
L'onde qui se rend maîtresse
Du parfum qu'elle caresse,
Et dont elle prend la fleur,
Par une double contrainte,
Voit le café par sa teinte
Neutraliser sa couleur.

Tel quand un couple idolâtre,
Habitant du Visapour,

LIVRE III.

En traits d'ébène ou d'albâtre,
Sacrifie au dieu d'amour;
Si du bizarre hyménée
L'espérance fortunée
Comble dans moins d'une année
Ces nœuds d'étrange amitié;
Ils ont un fils, leur image,
Et sur un même visage
Se retrouvent à moitié.

En vain la mode inventive,
Chef-d'œuvre de Dubelloy,
Voudrait que d'une urne active
Mon nectar subît la loi;
Ce soin déplaît à ma muse:
En vain ma liqueur s'infuse,
Le filtre qui la refuse,
Trop gêné dans son devoir,
La tamise goutte à goutte,
Ou, trompant ma soif en route,
Laisse à sec son réservoir.

Dans une coupe solitaire
Frémis donc, nectar divin,
Toi qui rajeunis Voltaire,
Mieux que le pouvoir du vin!
Du vin le grossier délire
Aurait abruti sa lyre:
Le Moka seul nous inspire;

Et le poète immortel,
Dans sa sublime insomnie,
Lui dut l'encens du génie
Qui brûle sur son autel.

Riant Flaccus, ô mon maître!
Quand ta nymphe dans Tibur
Chantait les monts où doit naître
Le cep du Falerne pur;
Plus souvent d'un pas rapide
Chez toi, buveur intrépide,
Ou Mécènes, ou Lépide
Fût venu rire aux éclats,
Si le Moka délectable
Eût remplacé sur la table
L'amphore aux trois consulats!

ODE VII.

A M. JOUBERT [1].

Que vois-je!.... d'une aile assurée
Un mortel a tracé deux sillons dans les airs,
Confiant à la jeune Astrée
Et sa lyre d'ivoire et le manteau des pairs.

Joubert, je crois l'entendre encore,
Lorsqu'il te visitait dans ton savant réduit,
Et que sa voix grave et sonore
Des passions du siècle expliquait le vain bruit.

Sa main de deux palmes s'empare :
Déjà l'ombre de Pope a guidé son essor ;
Et sur la forêt de Navarre
Au poète a souri la nymphe de Windsor.

L'Eloquence à la voix divine,
Pour soutenir son vol, descend du haut des cieux ;
Et les filles de Mnémosyne
Au Boileau d'Albion consacrent ses adieux.

(1) Feu M. Joubert, inspecteur-général de l'université de France, l'un des hommes les plus distingués de l'époque par l'élégance de ses mœurs et la variété de ses connaissances.

ODE VII.

Est-ce l'homme aux vastes pensées
Dont la jeunesse encor semble écouter la voix?
Est-ce l'oracle des lycées
Dont la morale en deuil bénit les doctes lois?

C'est celui.... taisez-vous, mon ame!
Et n'allez pas blesser une ombre sans orgueil;
Qu'en vous seule vive la flamme;
Que ce flambeau figure au pied de son cercueil.

De l'honneur il conquit les signes :
Au Forum, au sénat, dans le temple des arts;
A lui seul il dut ces insignes
Qui sous un dais funèbre ont frappé nos regards.

C'est Horace qui fut Mécène :
Des lys, des lois, des mœurs, c'est le triple soutien;
C'est le philosophe d'Athène
Quand il se prosterna devant le bois chrétien.

Noble orateur, brillant poète,
Fuis pour les champs d'azur ce séjour des douleurs :
Crois-tu que ma lyre, muette,
Pour toi, comme mes yeux, n'a pu trouver des pleurs?

Fontane, adieu! triomphe encore....
Que dis-je? il disparaît, sœurs du sacré vallon!
Il fuit : le ciel se décolore;
Mais il tombe immortel dans les bras d'Apollon.

La mort seule explique la gloire ;
La torche sépulcrale allume son flambeau ;
Et le jugement de l'histoire
N'est prononcé pour nous qu'aux portes du tombeau.

ODE VIII.

LE DUEL.

« Un affront veut du sang : marchons ! l'honneur l'ordonne :
» La soif de la vengeance a séché notre cœur :
» Si l'un des deux périt, le préjugé pardonne
    » Au noble crime du vainqueur. »

Cruels, détrompez-vous : le crime est toujours crime ;
Rien ne peut l'ennoblir ; c'est trop vous égarer !
Quel peu de sang versé dans cette folle escrime
    Que l'honneur puisse réparer ?

Pourquoi donc vous cacher ? l'honneur, comme la gloire,
Veut un brillant théâtre, un superbe destin ;
Et la palme est honteuse, alors que la victoire
    N'a qu'un triomphe clandestin.

Vous parlez d'un affront ? injuste, il nous honore ;
A l'impie agresseur il revient tout entier,
Ou, s'il est mérité, quel meurtre peut encore
    Rouvrir l'honorable sentier ?

Si les lois ont flétri l'homme qui nous enlève
Des jours dont la patrie eût profité plus tard ?...
Mettre ainsi les vertus à la pointe du glaive,
    C'est en faire un jeu de hasard.

Et moi j'applaudirais à ces combats sans nombre
Qu'éveille des partis le vieux ressentiment,
Si, pour un mot douteux, un guerrier va dans l'ombre
    Risquer sa gloire en un moment.

Non! vous serez privé de mon funèbre office,
Vous qui, père oublieux, insouciant époux,
Avez dans votre orgueil risqué le sacrifice
    Des jours qui n'étaient point à vous!

Au fatal rendez-vous le sort vous fut contraire :
D'une famille en deuil les vœux sont compromis;
C'est peu : le meurtre insulte au manteau funéraire
    Sous les yeux même de Thémis.

O scandale! et voilà ce roi de la nature!
L'homme immola son frère, et l'homme est sans remord?
L'aigle, plus généreux, se venge d'une injure,
    Mais il n'outrage pas la mort.

Quand, aux plaines de l'air, deux aigles intrépides
Se déchirent le flanc sous leurs serres d'airain,
Si le père oublia dans les rochers arides
    Ses enfans martyrs de la faim;

L'aigle qui l'a vaincu, moins que l'homme barbare,
Vole à leurs cris plaintifs vers l'antre inhabité,
Sur le nid orphelin il se couche, et s'empare
    Des soins de la paternité.

ODE VIII.

Malheureux! la patrie a le droit de se plaindre
D'un enfant qu'elle perd en ces défis cruels :
Et l'honneur social pour lui-même va craindre
    Le fanatisme des duels.

Oui, d'un gladiateur la vengeance est grossière :
L'histoire n'a pour lui ni burin ni flambeau ;
Et d'un œil inquiet Clio sous la poussière
    Ne va point chercher son tombeau.

Mais qui meurt pour son prince est un héros insigne :
L'étendard à la main surpris avec bonheur,
Un guerrier dans les rangs sous cet illustre signe
    Tombe, et c'est là que gît l'honneur.

ODE IX.

LA MORT DE GIRODET.

La Seine, rivale du Tibre,
Est veuve de son Raphaël!
Ce jour, d'un hommage plus libre
Nous permet l'éclat solennel.
D'une admiration tardive
Consolant une ombre plaintive,
L'Histoire allume son flambeau,
Et voit triompher le génie
Comme l'acanthe rajeunie
Qui s'échappe en fleur du tombeau.

Quand le premier peintre du monde
Périt vers l'été de ses ans,
Dans une tristesse profonde
Languirent les arts florissans;
Des Sept-Monts le fleuve héroïque,
Se courbant sous son urne antique,
Fut l'écho de mille douleurs;
Et sur les restes d'un grand homme
Un Médicis, pasteur de Rome,
Vint secouer l'hysope en pleurs.

Jusques à quand, juges timides,
Epris de la fatalité,

ODE IX.

Laisserons-nous les Euménides
Combattre l'immortalité?
Allons, émules magnanimes,
Couronnons d'honneurs unanimes
Un athlète digne de nous!
Ainsi, quand Girodet succombe,
Des rivaux pleurent sur sa tombe
Où s'effeuille un laurier jaloux.

Non, des murmures de l'envie
N'attristons pas les immortels!
Taisons les douleurs de la vie
Au pied des funèbres autels.
Contemplons l'amant de l'étude,
Animant dans la solitude
Son infatigable crayon;
Noble espoir d'une ame agitée!
La gloire était la Galathée
De ce nouveau Pygmalion.

Fut-il doté d'un art vulgaire
L'homme inspiré par la valeur,
Qui peignit les héros du Caire
Etincelans sous sa couleur?
Jamais une main plus savante
N'offrit sur la toile vivante
Le barde, au nocturne concert;
Ni sur l'américain rivage,

LIVRE III.

Pour une Vestale sauvage
Les funérailles du désert!

Dès long-tems la gloire invisible
A son ardent adorateur,
Maîtrisait le peintre sensible
Aux beautés d'un art créateur.
D'une couronne triomphale
Elle orna la scène fatale
Où, sur un roc haï des cieux,
Une famille, qui s'enchaîne
Sous le rameau brisé d'un chêne,
Dans les flots s'abîme à nos yeux.

Là, du crayon le plus austère
Il a déployé les trésors,
Et l'injustice persévère
Dans ses injurieux efforts.
Mais cette critique impuissante
Rappelle un tableau de Timanthe,
Admiré de ses fiers rivaux,
Où, sous son thyrse ridicule,
Un Satyre toisait Hercule
Couché sur ses douze travaux!

C'est au génie, enfant de l'ame,
Qu'il dut ses magiques élans;
Un trait de sa vertu m'enflamme
Comme un éclair de ses talens:

ODE IX.

Oublîrais-tu, science ingrate,
Le noble refus d'Hippocrate,
Ce fruit d'un généreux transport?
Pourquoi l'Amitié qui l'adore
Ne peut-elle, au dieu d'Epidaure,
Dire qu'il a vaincu la mort!

Sa vie était un beau délire;
Mais ses jours tombent languissans!
Je voudrais, aux sons de la lyre,
Dompter la fièvre de ses sens.
Inutile vœu! le tems presse!
Toujours la gloire enchanteresse
Accroît son amoureux ennui;
Il se consume, il se tourmente,
Il poursuit toujours son amante,
Et la déesse est devant lui!

Il n'est plus! l'homme irréparable!.....
J'embrasse ses mortels débris;
Mais son génie invulnérable
S'élance aux célestes lambris;
Conservez sa docte mémoire,
O disciples qui de la gloire
Voulez recueillir les moissons!
Que son triomphe vous console;
Sa tombe est encore une école
Féconde en sublimes leçons.

LIVRE III.

Dans ce jour de tristesse amère
Le sceptre honora le pinceau;
Plus d'un jeune héritier d'Homère
Salue Apelles au tombeau.
Voilant sa lyre, le poète
Solennisa la triste fête
Qui surprit nos vastes remparts;
Et, portant la pâle couronne
Dans tout l'éclat qui l'environne,
Conduisait le deuil des beaux-arts.

Ah! si ma douleur a des charmes,
Muses, pour l'ombre d'un ami,
Redites l'heure où sous nos larmes
Notre Apelles s'est endormi.
N'était-ce pas l'heure où Diane
Sur un mont, loin d'un œil profane,
Brille plus amoureusement,
Et vient, perçant la nuit ombreuse,
D'une vapeur mystérieuse
Caresser un paisible amant!

LIVRE QUATRIÈME.

ODE I.

CAMOËNS.

Suis-moi d'un œil de feu dans le sacré vallon,
 Enthousiasme, esprit sublime!
 Ravis-moi sur la double cime,
Où ta flamme nourrit le trépied d'Apollon;
 Et sur les ailes du génie,
 A travers des flots d'harmonie,
Ouvre-moi vers l'Olympe un lumineux sillon!

Toi seul, gardien sacré du delphique trésor,
 Dotas ce roi de l'épopée,
 Qui sur la colline escarpée
A Calliope un jour surprit sa lyre d'or;
 Et, dans son héroïque ivresse,
 Peignit aux peuples de la Grèce
Le bouclier d'Achille et le casque d'Hector.

C'est ton souffle puissant qui sur des bords lointains,
 D'un essor plus vaste et plus libre,
 A fait voler l'aigle du Tibre
Du tombeau d'Ilion au berceau des Latins;
 Sans ton secours son œil débile,

Dans l'antre obscur de la Sybille,
N'eût point lu tant de gloire au livre des destins.

C'est toi qui sur ton char aux lambris immortels
  Portas le chantre d'Herminie,
  Et dans les bosquets d'Aonie,
D'Homère sous ses pas relevant les autels,
  Abreuva sa soif poétique
  Aux sources de ce fleuve antique,
Qui seul divinisa la langue des mortels.

C'est par toi que Milton, sur un Pinde nouveau,
  Sombre ou touchant dans son délire,
  Varia les sons de sa lyre,
Soit que de l'univers il chantât le berceau,
  Soit que, de la voûte étoilée,
  Sa muse vînt échevelée
Aux flammes de l'enfer allumer son pinceau.

Ce fameux Camoëns, si grand dans l'art des vers,
  Il te dut sa fureur sacrée !
  Sur l'Océan hyperborée
J'entends Adamastor, géant des flots amers,
  Tonner sur la rive lointaine,
  Lorsque la rame lusitaine
Viola le secret de l'empire des mers.

Génie insoucieux de son art souverain,
  Dans l'asile de l'indigence,

LIVRE IV.

Où le poursuivait la vengeance,
Le poëte-guerrier déploie un front serein ;
En vain le besoin l'importune,
Fixant le char de l'infortune,
Camoëns dans sa roue enfonce un clou d'airain.

Le chantre de Gama, du joug d'un sort fatal,
S'affranchit, et mourut en sage.
Une Muse, nymphe du Tage,
Consacrant ses écrits sur le divin métal,
D'une indestructible couronne,
Va ceindre son front qu'environne
L'éclat des derniers feux du globe occidental.

Je le vois des neuf Sœurs saluant le palais,
Incertain s'il doit se survivre :
Camoëns leur porte son livre,
Vieux tableaux, du génie admirables reflets ;
« Est-ce dans les eaux d'Aonie,
» Lui dit le dieu de l'harmonie,
» Que ta main a plongé ces humides feuillets ? »

A ces mots imprévus le Lusitain répond :
« Père des Filles de mémoire,
» Apprend la fatidique histoire
» De ces vers disputés à l'Océan profond,
» Quand le destin inaccessible,
» Pour froisser mon ame impassible,
» Les voulut engloutir dans l'abîme sans fond.

ODE I.

» De la cité d'Ulysse, un jour à mon réveil,
   » Banni, je m'exilai sur l'onde,
   » Non jaloux que le Nouveau-Monde
» M'ouvrît ses veines d'or et son sable vermeil;
   » Mais c'est pour conquérir le Pinde
   » Que les Néréides de l'Inde
» Portèrent mon navire aux plages du soleil.

» Vain exil! la vengeance au loin me suit des yeux;
   » Sa main, sous le poignard d'un brame,
   » De mes jours veut trancher la trame.
» Lorsqu'un lion des mers m'entraîne vers ces lieux,
   » Où le héros de mon histoire,
   » Planta sur un vieux promontoire
» Le drapeau lusitain qu'illustraient ses aïeux.

» Tel gémissait Colomb, bien avant qu'il s'armât
   » De l'astrolabe tutélaire,
   » Et martyr d'un peuple insulaire,
» Expiait son génie enchaîné sur un mât,
   » Quand un zéphir d'heureux présage
   » Vint, sur un odorant nuage,
» Lui révéler des fleurs le suave climat.

» Image de mes jours qu'assiégea le danger,
   » Le cap orageux des Tourmentes
   » Me vit sur les mers écumantes
» Affronter mille écueils sur un esquif léger.
   » J'entendis les échos antiques,

LIVRE IV.

» De ces monts aux flancs athlétiques
» Etonnés de répondre aux cris d'un passager.

» Là, parmi les déserts, sous un ciel dévorant,
    » Où la nuit apparaît sans ombre,
    » Je déchirai le voile sombre
» Qui cachait la nature à mon œil pénétrant;
    » Là, sur la pierre vierge encore,
    » Des Argonautes de l'aurore
» Mon glaive dessina le trajet conquérant.

» Mais à qui désormais confier mes écrits,
    » Plus chers que ma faible existence?
    » La tempête accroît la distance,
» Qui voile à mes regrets nos pénates chéris :
    » Ma nef se rompt.... Guide, Alcyone,
    » Ce corps dont l'ingrate Lisbonne
» Ne doit plus retrouver les ossemens proscrits!

» Sors, disait le poète, ô toi qu'on veut ternir!
    » Des vapeurs de la calomnie!
    » Sors plus radieux, mon génie!
» Brise tes nœuds mortels; tu ne dois pas finir :
    » Si l'oubli tend ses mains glacées
    » Pour ravir tes nobles pensées,
» Arrache au tems vaincu les clefs de l'avenir. »

Le Lusitain chantait ses vers, jouets du sort :
    Le Dieu l'admire et le contemple;

Le rameau sacré de son temple
S'incline de respect devant l'illustre mort :
    Les Muses reçoivent son livre;
    Plein de leur nectar qui l'enivre,
Il revit tout entier sur le terrestre bord.

Tel l'oiseau fabuleux dont l'écharpe d'Iris
    Revêt l'éblouissant plumage,
    S'il périt, consumé par l'âge,
Sa tombe est son berceau dans ses bois favoris :
    A Memphis, le chantre du monde
    Renaît de sa cendre féconde,
Et plane sur le Mage aux autels d'Osiris.

ODE II.

L'IMAGINATION.

Reine des brillantes chimères,
Descends de ton trône d'azur,
Et que tes roses éphémères
S'échappent du ciel le plus pur!
Sœur d'Iris, rivale de Flore,
Quitte ces palais où l'Aurore
T'enchaîne au berceau des Amours.
Je peins ton charme sympathique:
Viens d'une teinte poétique
Colorer le fil de mes jours!

Sur les ailes de la Pensée
Tu franchis les lieux et les tems;
Tu fuis dans l'espace élancée,
Et les siècles sont des instans;
Ton doux flambeau nourrit l'étude:
Si, dans sa triste solitude,
Malfilâtre touche à sa fin,
La victime d'un art funeste
Alimente à ton feu céleste
Ses jours dévorés par la faim.

Du peuple troubadour d'Isaure
Ouvrant les lyriques tournois,

ODE II.

Pour ses favoris tresse encore
Le lys symbolique des rois;
De l'églantine méritée
Montre-leur la tige argentée,
Des vainqueurs durable trésor;
Ou, pour en parer le génie,
Aux champs floraux d'Occitanie
Rajeunis l'amarante d'or.

Descends, et frappe, aimable fée,
Le tambour des enchantemens!
Reçois d'Arioste un trophée
De grelots et de talismans.
L'impalpable élément te porte:
De tes lutins suis la cohorte
Dans de fantastiques jardins,
Ou que leur essaim invisible
Guide aux bords du Gardon paisible
Le char galant des paladins.

Que ne peut cette enchanteresse?
Tout naît au feu de ses regards.
Sa présence annonce à la Grèce
L'horizon lumineux des arts:
Son souffle inspire Démosthènes;
Sa voix, du Parthénon d'Athènes,
Fonde l'appareil souverain;
Et dans le temple d'Olympie
Je vois les sources de la vie
Couler dans des veines d'airain.

LIVRE IV. 123

Dans Versailles son jeu m'étonne,
Soit que des pâtres croassans
Vomissent aux bains de Latone
Le bruit de leurs rauques accens;
Soit que le souffle de Zéphire,
Par une bouche de porphyre
S'exhale en un flot diligent;
Soit qu'une Cérès-Néréide,
Renouvelant sa gerbe humide,
Peuple un bassin d'épis d'argent.

Voici qu'un émule d'Albane
Fait triompher ma déité.
S'il peint ton amant, ô Diane!
Qui dort sur un mont argenté,
Quand du beau chasseur de la fable (1)
Respire le charme ineffable
Sous de voluptueux crayons;
Elle parle, et dans le bocage
L'Amour entr'ouvre le feuillage
A la pudeur de tes rayons!

Quels riches tableaux, quels plans vastes
Animent son livre immortel!
Delille interroge ses fastes,
Gravés sur un mobile autel:
Il est aveugle en sa vieillesse;
Mais l'ingénieuse déesse

(1) L'Endymion de M. Girodet.

ODE II.

L'a consolé de ce revers,
Et, charmant son noble interprète,
Dans les yeux éteints du poète
Vient refléchir tout l'univers.

Eh bien ! que sa main te couronne,
Toi dont j'adore les écrits !
Toi qui, sur les dons de Pomone,
Imprimes ton frais coloris;
Toi qui, dans sa coupe d'albâtre,
Nuances la fleur qu'idolâtre
La beauté, délices des yeux;
Toi qui l'effeuilles sur nos traces,
Et qui fis éclore les Grâces
Du premier sourire des dieux !

J'oserai..... Mais, déesse errante,
Tu t'évanouis à mes yeux
Comme la bulle transparente
Qu'enfle un souffle capricieux :
Du pipeau qu'humecte l'enfance
Le globe aérien s'élance,
Peignant l'opale et le saphir;
Et ce badinage d'Eole,
De tes jeux fragile symbole,
Naît ou meurt, jouet d'un Zéphyr.

ODE III.

AUX FRANÇAIS [1].

(1815.)

Aux champs du Latium, émule de Tyrtée,
Horace déplorait de coupables transports :
Que l'écho du vieux Tibre, à la Seine agitée,
    Redise ses accords !

Un autre âge s'éteint dans la guerre civile:
Rome tombe, et sa chute est l'œuvre des Romains ;
Rome, qui n'a pas craint le voisinage hostile
    Des Marses inhumains ;

Rome, qui du Toscan a puni la menace,
Triomphé de Capoue et du vil Spartacus ;
Rome, qu'en vain bravait une infidèle race
    D'Allobroges vaincus ;

Rome, que n'émut point, aux jours de ses misères,
Des Germains, à l'œil bleu, l'indomptable fureur,
Ni le fils d'Amilcar dont, aux plaintives mères,
    Le nom fut en horreur ;

[1] Imitation de la XVe épode du livre Ier d'Horace :

Altera jàm feritur bellis civilibus Ætas, etc,

ODE III.

Rome tombe : déjà par sa chute elle expie
Les longs égaremens d'un âge ensanglanté ;
Et l'hôte des forêts aura son antre impie
    Dans la grande cité.

Nous verrons d'un barbare, espérance grossière,
Bondir sur nos autels les coursiers inconnus :
Leurs pieds, aux vents jaloux, vont livrer en poussière
    Les os de Quirinus.

O crime ! ô sacrilége ! ô triomphe exécrable !
L'aquilon soufflera sur la cendre des morts :
Bientôt.... Mais il nous reste, en ce tems déplorable,
    L'exil ou les remords.

Fils de Rome, l'honneur m'inspire une pensée :
Quand nos frères, hélas ! se sont faits nos rivaux,
Cherchons, imitateurs des proscrits de Phocée,
    Des pénates nouveaux !

Allons où le hasard guidera notre fuite,
Allons où nos vaisseaux porteront nos destins,
Sans astre, sans pilote, et n'ayant pour conduite
    Que des vents incertains !

Jurons que désormais le retour est un crime,
Jurons que l'Océan devra nous engloutir,
Si nous rentrons au port dans l'espoir unanime
    D'un lâche repentir !

Ce serment est dicté : ne rentrons dans nos villes
Qu'alors que l'Eridan ceindra nos rocs déserts,
Ou que les Apennins voyageront dociles
   Au fier torrent des mers.

Oui, peuple, sois parjure à ce serment austère,
Quand, surprise aux liens d'un amour monstrueux,
La nature verra, pour la biche adultère,
   Le tigre incestueux !

Méditons ce retour, lorsqu'on verra sans crainte
La colombe et l'orfraie en leur nid s'accoupler,
L'agneau plaire à l'hyène, et la liquide enceinte
   De taureaux se peupler.

Mais vous, de qui l'exil s'élance aux lieux sauvages,
Des cœurs efféminés désavouez le deuil ;
Partons ! je vois par vous les étrusques rivages
   Franchis avec orgueil !

La ceinture des mers déroule à nos conquêtes
Des îles et des champs, couronnés de guérets,
Où précoce toujours, l'épi, loin des tempêtes,
   Rit au front de Cérès.

Là, se trouvent des monts où, sans l'art, plus active,
La vigne orne son cep de bourgeons florissans ;
où la figue sucrée et l'onctueuse olive
   Mûrissent tous les ans ;

ODE III.

Des forêts où le miel coule du creux des chênes,
Où le ruisseau des bois s'échappe à flots légers,
Où la chèvre, en tribut, tend ses mamelles pleines
    Du nectar des bergers;

Jupiter isola cette rive céleste
Pour un peuple fidèle à son dieu souverain,
Quand l'âge d'or, voisin d'un âge plus funeste,
    Fut souillé par l'airain.

Mais du siècle de fer l'appareil despotique
Nous invite à courir vers des climats plus doux;
Peuples, exilez-vous donc à ma voix prophétique,
    Ou revenez à vous!

Horace ainsi chantait; sous nos mains incertaines
Le vaisseau de l'état fuit en butte aux clameurs:
Le vent des factions fait gémir ses antennes,
    Et lasse ses rameurs.

Français! du joug des lois ta nef s'est affranchie,
Et cinq ans a vogué sur de mouvans cercueils,
Tant qu'une liberté, mère de l'anarchie,
    Lui voila les écueils.

Un nocher conquérant, assisté des étoiles,
La guida triomphante à travers les dangers,
Mais il brisa son ancre et déchira ses voiles
    Sur des bords étrangers.

LIVRE IV.

Quand l'esquif rentre au port, et qu'une main auguste
En répare les flancs, encor mal affermis,
Verrons-nous s'écrouler ce corps vieux, mais robuste,
      Sous nos bras ennemis?

Courons à la manœuvre, et tous, maîtres des câbles,
Luttons contre les vents qui l'éloignent du bord,
et que plus fortement, sur d'immobiles sables,
      Il occupe le port.

ODE IV.

LE PRINTEMS (¹).

Quand les Heures, au sein de rose,
Etendent leurs bras demi-nus,
Impatiente d'être éclose,
Déjà rit la fleur de Vénus.

Eveillant l'année incertaine,
Sous un mystérieux berceau,
Ecoute, ô chanteuse d'Athène,
Ta sœur, hospitalier oiseau !

Dans la volupté qu'il respire,
De Psyché le tyran jaloux
Elabore au céleste empire
Les parfums qu'il répand sur nous.

Partout le hêtre au flanc robuste
Perd sa sève en feuillage épais ;
L'ormeau qu'embrasse l'humble arbuste
Monte en colonne, s'ouvre en dais.

Aux bords d'une onde sinueuse
Que le jonc fatigue en son cours,

(1) Imitation de Gray.

Sages, votre muse rêveuse
Déplore l'éclair des beaux jours.

Amante de la solitude,
Elle peint les frivoles mœurs
D'une orgueilleuse multitude
Que sèche la soif des honneurs.

Elle nous peint ceux qu'importune
L'ambition qui nous fait voir
Sa bassesse dans l'infortune,
Et son orgueil dans le pouvoir.

Du laboureur la main active
Tire le soc d'un long repos;
De l'étable long-tems captive,
Sort la jeunesse des troupeaux.

Déjà l'insecte qui déploie
Ses deux réseaux d'azur et d'or,
Dans le miel de Flore se noie,
Et de l'aigle imite l'essor.

L'un cueille sur le tertre humide
Les pleurs de l'orient vermeil,
Et l'autre d'un œil moins timide
Se joue au prisme du soleil.

ODE IV.

Ceux-ci rampent, et ceux-là volent,
Commençant pour bientôt finir;
Sages, vos leçons nous consolent
Par un plus solide avenir.

Insectes, que l'orage vienne
Les frapper d'un instant de nuit,
Et leur splendeur aérienne
Comme un souffle s'évanouit.

ODE V.

LE JALOUX COMPLAISANT.

A AGLAURE.

Tout ici bas, Aglaure, est de courte durée :
Le bien que l'on possède est chose inassurée ;
Nos jours sont épineux : content, ou mécontent,
    L'un va l'autre portant.

Aussi j'ai dû penser que, pour doubler mes peines,
Tu changerais tes fers en de nouvelles chaînes ;
Après tout, faut-il pas qu'ayant des amoureux,
    Tu les rendes heureux ?

D'accord : mais ce défaut d'un cœur trop inflammable,
Si bien qu'il soit voilé, n'en est pas moins blâmable ;
Sous tes galans drapeaux j'ai donc pu m'enrôler,
    Comme ton pis-aller ?

Tu conçois mon dépit, ayant le cœur superbe,
De me voir oublié, pour un rival imberbe,
A ta porte où j'attends jusques au point du jour
    D'être admis à mon tour.

Tu conçois mon courroux lorsqu'un amant précoce
Si conjugalement te traite avant la noce,

Et quand, la joue encor humide d'un baiser,
    Tu prétends m'épouser.

Mais les ris clandestins, les caresses discrètes,
Ont loin d'un sot jaloux mille douceurs secrètes :
Espiègle est né l'Amour, et l'aveugle vaurien
    Rit de qui n'y voit rien.

Toutefois dans cet art de frauder la tendresse,
Ne peux-tu devant moi déployer quelque adresse?
Farde mieux ta conduite : on pardonne un péché
    Alors qu'il est caché.

De mon illusion entretiens le doux songe!
Et si dans ton regard je découvre un mensonge,
Dis que, malgré le sort dont je suis averti,
    Mes yeux en ont menti.

Alors quel plaisir pur de rêver l'espérance!
Je dirai, consolé par la seule apparence,
Elle ne m'aime pas; mais, si le fait est clair
    Du moins elle en a l'air.

ODE VI.

LA REDDITION DE CADIX.

(1823.)

Parlez, doux échos de ma joie,
O nymphes du Guadalquivir!
Notre ame, à la douleur en proie:
Se sentait par elle asservir:
Mais quoi! votre course est moins lente;
La Paix, déité consolante,
Déploie une Iris dans les cieux;
Et l'Alhambra, cher au courage,
Redit du fier Abencerrage
Le repentir victorieux.

Que l'antique Ibérie est belle
D'honneur, d'espérance et d'amour!
D'où naît cette force nouvelle
Qui finit son deuil en un jour?
Devant un loyal capitaine,
Une cité, prison lointaine,
Au roi captif rend sa grandeur;
Et tout à coup l'Océanide,
Aux pieds des colonnes d'Alcide,
Chante un Bourbon libérateur.

ODE VI.

Salut! Français, race aguerrie;
Un Français aime à vous guider:
Ce qu'il voulut pour sa patrie,
L'honneur le lui vient accorder.
Sa justice, jamais trompée,
Son noble usage de l'épée,
Ont confondu ses ennemis;
Et le pasteur des Pyrénées,
Dans leurs cavernes étonnées,
N'a vu que des lions soumis.

Le Castillan aux preux fidèles
Offrit son glaive avec transport;
Que de peuples, de citadelles,
Ont salué ce noble accord!
On vit sur les monts de Pyrène
Un Rodrigue près d'un Turenne,
Unissant de nouveaux lauriers,
Quand le triomphateur modeste
Partageait sur leur couche agreste
Le repos des humbles guerriers.

L'Ibérie est sœur de la France,
Et se plaît aux jeux des combats:
Là, jamais l'honneur en souffrance
N'a désavoué ses soldats.
Pourquoi le sort fut-il sévère
Pour un grand peuple qui révère
Son autel, son trône et ses lois,

Et se réfugie en silence
Sous l'olivier de la clémence
Echappé de la main des rois?

Lisbonne a vu le précipice
Où courait son peuple éperdu;
Et des arrêts d'un ciel propice,
L'ordre ne fut que suspendu.
Pour elle une auguste héroïne
Seule, debout sur la ruine,
Brisa l'étendard criminel;
Et bravant l'exil et les chaînes,
Ranima son sang dans des veines
Où vivait l'honneur maternel.

C'en est fait : au loin dans nos villes,
Que d'hymnes saints, d'élans joyeux!
Le démon des fureurs civiles
Sous Gibraltar tombe à mes yeux.
J'apprends par les fêtes publiques
Qu'un fils des princes catholiques
Cesse de régner dans les fers;
Déjà les foudres de Neptune
Disent la fin d'une infortune
Qui fatiguait tout l'univers.

Quel est donc le pouvoir suprême
Qui soudain console nos cœurs?
A quel front, à quel diadème
Mon rivage doit-il ses fleurs?

ODE VI.

Sans doute au Désiré du Louvre,
Qui, du trop long deuil qui le couvre,
Relève ce trône abattu,
Nous tire d'une nuit profonde,
Et consacre au bonheur du monde
Le monument de sa vertu.

Ainsi chantait l'Océanide;
La joie a fait couler ses pleurs;
Des plis de son écharpe humide
S'échappe un nuage de fleurs;
Dans sa conque où Triton s'éveille,
S'épanche une riche corbeille
Des trésors qu'enfante la paix.
Elle chantait avec ivresse,
Et les sœurs de l'enchanteresse
Couronnent les vaisseaux français.

Résonnez, clairons pacifiques!
Silence, bronzes meurtriers!
Elevons d'odorans portiques
A l'élite de nos guerriers!
Peuple, de ton nouveau Vendôme
Suspends les armes sous le dôme
Du vétéran hospitalier!
J'imite ce noble délire,
Et dépose humblement ma lyre
Sous l'airain de son bouclier.

ODE VII.

LA PROSE POÉTIQUE.

Poètes, c'en est fait, la prose cadencée,
      S'égalant aux neuf sœurs,
D'un art mélodieux qui rime la pensée
      Affecte les douceurs !

Déjà cette boiteuse en sa burlesque audace,
      Comme du tems des Goths,
D'un air dithyrambique aborde le Parnasse
      Sur des pieds inégaux.

Calliope indignée abandonne sa lyre,
      Et défendant ses lois,
Aux Muses qu'étonnait cette prose en délire
      Fait admirer sa voix :

« Qu'en dites-vous, mes sœurs, vous que Phébus engage
      » Dans ses chœurs immortels,
» Souffrez-vous qu'une Muse au vulgaire langage
      » Usurpe nos autels ?

» Voyez son laurier pâle, et la monotonie
      » De son luth désolant,
» Qui, de la docte lyre outrageant l'harmonie,
      » Croit chanter en parlant !

» Pour fonder en ces lieux un bizarre édifice,
      » Elle a, dans ses discours,
» Obtenu des grands mots, par un lâche artifice,
      » L'emphatique secours.

» J'ai permis qu'une fois dans l'humble colonie,
      » Favorite des mers,
» Bernardin modulât pour pleurer Virginie
      » L'hymne des flots amers;

» Troupeau dégénéré, ses enfans que j'abhorre
      » Deviennent si nombreux
» Qu'Antycire jamais n'eut assez d'ellébore
      » Pour tant de cerveaux creux.

» Une fois, c'est assez... Sur l'Hélicon superbe
      » Laisse-nous en repos;
» Porte ailleurs ta folie et ta couronne d'herbe
      » Où règnent les pavots!

» Fuis donc, Muse équivoque, un accueil ironique
      » Sur le sacré vallon;
» Cours te réfugier au Pinde germanique
      » Où grelotte Apollon!

» A moi, mes sœurs, à moi!... Sa fraude vous éclaire;
      » Il faut la réprimer!
» Ronsard même dont l'œil s'est enflé de colère
      » Contre elle va rimer.

« Songez que nos amans de vos honneurs insignes
» Se verront tous sevrés,
» Si les delphiques monts du chant de ses faux cygnes
» Ne sont pas délivrés. »

Tout à coup chaque sœur vers la fière éclopée
Prend un sublime essor :
La Muse aventurière à la roche escarpée
Veut s'élancer encor.

De ses lourds mouvemens l'une se rend maîtresse,
L'autre étouffe sa voix,
Et lui ravit enfin le manteau de prêtresse
Et sa lyre de bois.

ODE VIII.

L'ATTENTAT DU 13 FÉVRIER.

(1820.)

C'était la nuit, au tems des fêtes
Où l'ivresse égare nos pas;
L'Amour déguisait ses conquêtes,
Le Crime seul disait tout bas :
« Démasquons-nous, l'heure est propice;
» La France touche au précipice;
» Que la joie enfante le deuil!
» Et que tout ce peuple folâtre,
» Bercé par les jeux du théâtre,
» Se réveille sur un cercueil. »

Il disait : mais à tant de haine
Quelque pitié parlait encor;
Quand un monstre, à la voix humaine,
Pour triompher prend son essor.
Porté sur des ailes funèbres,
Il monte au milieu des ténèbres
Vers Paris qu'a fui le soleil;
Et, du fiel qui sort de sa bouche,
Enivre un artisan farouche
Dans le désordre du sommeil.

» Ne crains pas la robe soufrée,
» Ni la longue épreuve de l'eau,
» Ni la roue en croix séparée,
» Ni le quadrige du bourreau.
» Ne trahis pas ton imposture,
» Frappe, un Bourbon de la torture
» Abolit les antiques lois;
» Frappe, je suis ton seul complice :
» Le Français n'a plus de supplice,
» Et tu ne mourras qu'une fois.

» Viens, s'écriait le monstre impie,
» Sortons de ce noir souterrain :
» Il faut que le pouvoir expie
» L'orgueil de son sceptre d'airain! »
Alors Damien franchit la porte;
Et l'adepte affreux qu'il transporte
Dans un lieu propice aux forfaits,
Dans ses bras semblait se débattre,
En parlant toujours d'Henri-Quatre,
Et d'un Prince ayant de ses traits.

Mais déjà la main criminelle
Ensanglante les fleurs de lys,
Et d'une douleur solennelle
D'augustes soupirs sont suivis.
Il expira..... Voile ta lyre,
Muse; ton funèbre délire

ODE VIII.

N'a plus que de faibles accords !
Eh ! quels vœux former pour la France ?
Que dis-je ? Un rayon d'espérance
Brille à travers la nuit des morts !

Français ! si ma prière encore,
Agréable au divin séjour,
Ramenait la féconde aurore
Que j'invoque en ce triste jour !
Ah ! si la fortune jalouse
Voulait d'une héroïque épouse
Consoler le noble avenir ;
Bientôt les roses du baptême
Nuanceraient des lys qu'elle aime
Un deuil qui ne doit point finir.

En vain le couteau parricide
Eût tranché l'auguste rameau,
La France encor d'un jeune Alcide
Viendrait saluer le berceau :
Pour toi quelle grande journée,
Muse ! tu serais couronnée
D'acanthe et de festons bénis ;
Et dans sa couche sépulcrale
Tressaillerait sous l'eau lustrale
Le preux qui dort à Saint-Denis.

Il renaîtra, Dieu tutélaire,
Dans un rejeton précieux,

Ce rameau d'un tronc séculaire,
Sanctifié par nos aïeux.
Tel, dans la forêt des druides,
S'il tombait sous des vents perfides
Le chêne, oracle des autels,
Un guy, germant dans le mystère,
Semblait dire : « Fils de la terre,
» Frappez !.... nos bois sont immortels ! »

ODE IX.

AU LORD BYRON [1],

SUR LA VIOLATION DES RUINES DE LA GRÈCE.

(1813.)

L'Orient, dépouillé de sa splendeur divine,
Du vieux berceau des arts dispute la ruine
A la cupidité d'avares Musulmans.
C'est peu que l'ignorance et l'oisive mollesse
   Appauvrissent encor la Grèce
Non de ses souvenirs, mais de ses monumens,
Et qu'un pacha stupide, en son sérail d'Athènes,
Dorme sur la tribune où tonnait Démosthènes.

Quoi! du fougueux Omar les fils insoucieux
Ont vendu ces débris, vestiges de la gloire,
Ces arcs demi-rompus, témoins de la victoire,
Et ces cirques de marbre où combattaient les dieux.
   Mais toi, Byron, sur ce rivage
Où fut l'amour des lois, tu maudis l'esclavage,
Et ta haine flétrit ceux qui, sur leurs autels,
Vouèrent au néant le sol des immortels.

---

(1) L'auteur de *la Vierge d'Abydos* a composé un hymne à Minerve, qui s'indigne de ce qu'une foule de prétendus amateurs enlèvent les ruines de la Grèce.

Lord, ta muse gémit, je t'écoute, et ma lyre
N'oserait signaler ce profane délire
Qui livre aux étrangers les remparts d'Amphion.
Là, d'un luth fondateur j'éveille l'harmonie :
  Des siècles l'austère génie
M'apparaît tout couvert des cendres d'Ilion,
Venge l'antiquité qu'il reconnaît pour mère,
Perce un sillon de flamme, et prend la voix d'Homère.

Son char, qui de Cadmus cherche en vain la cité,
Dépose dans ses champs le tribunal des sages
Qu'assembla dans les cieux, contemporains des âges,
Ce vénérable dieu de la caducité :
  Le vent qui prédit la tempête
Agite les cheveux dont se blanchit sa tête ;
Des générations symbole inanimé,
Le vase de l'abîme à mes pieds est fermé.

Alors, impétueux, de son char il s'élance,
Des vils profanateurs fait rougir l'insolence,
Du grave Phocion le glaive arme sa main ;
Il montre l'urne immense où dort victorieuse
  La cendre à jamais glorieuse
Des belles, des héros, honneur du genre humain,
De Pindare salue et l'ombre et la patrie,
Me couvre de son aile, et, plein d'horreur, s'écrie :

« Qui donc de ces trésors dépouilla les déserts,
» Leur dit : Régnez-vous seuls aux climats de l'Aurore ?

ODE IX.

» Est-ce la voix du tems? Non : ce tems que j'adore
» Ne m'a point envié ces débris que je perds.
  » Deux mille ans dans la solitude,
» Les arts ont été fiers de leur décrépitude;
» Qui donc les expatrie? et par quel coup du sort
» Le temple du Soleil (1) vogue-t-il vers le Nord?

» La sonore statue, à Memnon consacrée,
» S'indigne d'embellir la rive hyperborée
» Où le Septentrion l'attend dans ses palais :
  » Le coursier fougueux d'Olympie
» A donc suivi les pas du ravisseur impie?
» La guerre faite aux arts déshonore la paix;
» Et le Memnon thébain n'est plus, loin du Bosphore,
» L'harmonieux écho des rayons de l'Aurore.

» Ephèse, où sont tes murs dont les fragmens épars
» Des amans de Clio charmaient l'œil idolâtre?
» Ton vaste Colysée et ton riant théâtre,
» Corinthe, les voilà transformés en bazars!
  » Tu perds, ô temple de Palmire,
» Tes hardis chapiteaux que l'univers admire!
» Mausole, ton cercueil, en un triste hameau,
» Dans ses flancs de porphyre abreuve le chameau !

» Des trésors du savoir vieilles dépositaires,
» Les Cyclades en deuil, sur des bords solitaires,

(1) D'Héliopolis.

» Abandonnent leur plage à d'avares nochers :
   » Vulcain, de ses forges antiques
» Néglige, dans Lemnos, les travaux athlétiques ;
» Paros ne connaît plus le prix de ses rochers,
» Et Vénus, que dans Gnide enfanta la sculpture,
» Voit l'impudique écharpe outrager sa ceinture.

» Les deux Grèces, long-tems reines de l'univers,
» Où tremblent des forbans, redemandent des braves ;
» Où chantaient les vainqueurs, gémissent les esclaves,
» Où régnaient les beaux-arts, sont proscrits les beaux vers ;
   » Le promontoire de Zéphire
» Au hâle de la peste a cédé son empire ;
» Le serpent d'Epidaure, en son antre infecté,
» N'est plus le dieu rampant qui donnait la santé.

» Le charme a disparu.... Vers son obscur musée
» Un marchand, de Codrus conduit l'urne brisée,
» Le socle où Xénophon s'élevait en vainqueur.
» Il ignore l'impie, en sa fougue insensée,
   » Qu'une œuvre des arts déplacée
» Peut étonner les yeux, mais sans toucher le cœur ;
» Et qu'isolé des monts où sa pompe domine
» L'autel de Marathon oubliera Salamine.

» Quoi ! ces vieux monumens céderaient à leurs coups ?
» Relevez-vous, autels ! redressez-vous, portiques !
» Tonnez, temples sacrés ! Et vous, palais antiques,
» Opposez votre poids à leurs efforts jaloux !

ODE IX.

» Que vainement le fer vous presse ;
» Prenez racine aux champs où vous fonda la Grèce,
» Quand la gloire, sensible à vos doctes présens,
» Les cache avec respect sous le manteau du Tems ! »

Tu m'écoutes, Byron !..... Ma muse au vol rapide,
Sur le mont d'où jaillit la source Aganippide,
Vient rêver sur tes pas l'espoir du rameau d'or ;
    Là, j'ai cru voir la Grèce antique
Ressaisir à ma voix son sceptre poétique,
Et reprendre à nos yeux son lumineux essor
Sur le Pinde où ta muse, ô britannique Alcée !
S'élève des hauteurs où finit la pensée.

ODE X.

A M. LE COMTE ÉMERIC DE NARBONNE-PELET,

GENTILHOMME DE LA CHAMBRE DU ROI.

(1825.)

Narbonne, ami des arts, tu réveilles ma lyre :
J'accorde son génie à tes nobles accens ;
Inclinant sa corbeille aux autels de Zéphire,
    Déjà Flore embaume nos champs.

La terre s'embellit : déjà le cep bourgeonne ;
La féconde Cérès épanouit son sein ;
Bientôt l'hamadryade en nos bois se couronne
    D'un feuillage encore incertain.

La Seine ouvre aux pêcheurs son onde hospitalière
Qu'enchaîna dans son cours l'âpreté des glaçons ;
Son rivage, animé par l'humble primevère,
    Déjà redit mille chansons.

La vierge de Nonant d'une toison rustique
N'évide plus la soie en pelotons nombreux,
Rêveuse, elle s'égare au coteau romantique
    Où l'attire un soufle amoureux.

ODE X.

Suis-moi dans ce hameau, j'y veux chanter encore
De ton aïeul *Fritzlar* (1) l'héroïque valeur;
Et mariant ma voix à ma lyre sonore
    Je dirai, pour plaire à ton cœur :

A-t-il vu se lever sur le ciel de la France
Ce grand jour qui rendit la paix à l'univers,
Ce troisième soleil du mois de l'espérance
    Où Louis a brisé nos fers.

Il avait mérité par sa vertu fidèle
De voir le triple lys vainqueur d'un sort jaloux,
Et son ombre, goûtant une joie éternelle,
    En ce jour répète avec nous :

Du retour des Bourbons aurore fortunée,
Le retour du printems inspire mieux les cœurs,
Qu'à jamais le printems soit le dieu de l'année
    Comme le lys est roi des fleurs.

---

(1) Glorieux surnom donné à feu M. le vicomte de Narbonne, lieutenant-général des armées du Roi, après la prise de *Fritzlar*.

ODE XI.

DE SÈZE [1].

(1828.)

Du courage et de la parole
Que le double triomphe est beau!
L'orateur monte au Capitole,
L'Histoire allume son flambeau.
Il dit : le Tems, ce juge austère,
Applaudit à son ministère,
Au feu de ses mâles accens ;
Et Clio, d'une main sacrée,
En éternise la durée
Sur son livre chargé d'encens.

Cette cité, reine du monde,
Où resplendit l'apostolat,
Pleurait, dans sa douleur profonde,
Un roi captif du consulat ;
Ce roi tombe dans l'infortune :
Tullius monte à la tribune.....
Soudain Déjotare est absous.
Imitateur de ce grand homme,

---

[1] L'illustre défenseur du Roi-Martyr.

ODE XI.

De Sèze était digne de Rome,
Et Lutèce est à ses genoux.

C'est par cette heureuse alliance
Et du génie et de l'honneur,
Que de Sèze, aux yeux de la France,
A conquis l'immortelle fleur.
Bercé par Thémis elle-même,
Il apprit ce qu'au diadème
Doit un adorateur des lois,
Quand, armé de leur force juste,
Il dit à l'innocence auguste :
« Ma toge est le manteau des rois. »

Qu'est-ce, en effet, que le courage,
Si l'équité ne le sert pas ?
Où sont les dangers de l'orage,
Si la raison trompe nos pas ?
Qu'est le triomphe du martyre,
Si la vertu ne nous l'attire ?
Ou le génie, enfin, qu'est-il,
Si cet honneur qui le fit naître
Est contraint à le méconnaître
Dans la terreur ou dans l'exil ?

N'en doutons pas, l'honneur modeste,
Dissipant les illusions,
Présente à l'ame un jour céleste
Dans le chaos des passions :

Soit qu'au frein sa voix asservisse
L'indomptable audace du vice
Qui croit ses destins accomplis;
Soit qu'il terrasse la licence
Lorsqu'elle prend de l'innocence
La robe sans tache et sans plis!

Ainsi la déité propice
Aux souverains infortunés,
Qui sur les bords du précipice
Tend la main aux rois détrônés,
C'est la Fidélité sublime
A qui l'orateur magnanime
Dut ces accens, chers à nos cœurs :
« Louis m'appelle à le défendre;
» Où sont ses juges pour m'entendre?
» Il n'a que des accusateurs! »

Pour l'émule de Malesherbes
Quel beau jour! quel divin moment!
Mais il n'est plus; ô lys superbes!
Courbez-vous sur son monument!
Il n'est plus : pour le trône antique
Je murmure encor le cantique
De nos jours, hélas! mélangés :
Voilà donc trois cendres amies
Qui ne pèsent pas endormies
Sur le cœur des Français vengés.

ODE XI.

Heureux donc l'homme au cœur antique,
L'homme qui, maître de sa foi,
Contraint l'orage politique
A rétrograder devant soi;
L'homme qui, méprisant la feinte,
Foulant aux pieds l'or et la crainte,
De ses jours dédaigne le soin,
Et quand le glaive est sur sa tête,
S'écrie au fort de la tempête:
« Je n'ai que le ciel pour témoin ! »

ODE XII.

L'HIVER DE 1829.

Qu'on verse l'hydromel dans ma coupe azurée!
Que des fleurs du lotos mes cheveux soient couverts!
Ma lyre ne craint pas le souffle hyperborée
    Du sombre tyran des hivers.

Ce rigide vieillard, dont les ailes glacées
Dispersent les frimas au gré de l'Aquilon,
Ne peut ravir la flamme à mes nobles pensées.....
    Je chante au trépied d'Apollon!

Viens, tendre Humanité, secourable déesse,
Descends, à mes accords, des célestes palais!.....
Elle accourt: c'est en vain qu'un nuage la presse.....
    L'univers attend ses bienfaits.

Oui, je consolerai sur la glèbe endurcie
Le soc agriculteur, aux stériles efforts:
Et le cristal des eaux, rebelle à l'âpre scie,
    Se brisera sous mes trésors.

L'inactif artisan, de prompts secours avide,
Ne s'engourdira plus sous son toit affamé:
Le guerrier, sous sa tente atteint d'un froid livide,
    Ne tombera plus tout armé.

ODE XI.

Oui, déjà l'immortelle, aux remparts de Lutèce,
Tend la chaste corbeille aux cœurs compatissans;
L'opulence des dons s'unit pour la déesse
    Au secret, ame des présens.

Attendrissant spectacle! au banquet charitable
Le riche citadin sans peine a consacré
L'orgueil de ses habits, le luxe de sa table
    Et l'éclat de son char doré.

Va, pain des affligés, pénètre avec mystère
Jusques au seuil honteux où l'indigent se plaint!
Et toi, chêne, du tertre et du feu tributaire,
    Rends la vie au brasier éteint!

La couche du malheur qu'une paille chétive
Sous des soleils moins froids n'assistait qu'à moitié,
Sous la toile avec soin voit la laine captive
    Servir les vœux de la Pitié.

Qu'entends-je? sur la scène, à grands frais embellie,
Melpomène redit ses sublimes douleurs;
C'est l'offrande des arts : ô triomphe! Thalie
    Par les ris a séché les pleurs.

De pudiques tributs quelle moisson pieuse!.....
Je ne sais, mais je crois que d'invisibles mains
Prirent avec le ciel une part glorieuse
    Au soulagement des humains.

LIVRE IV.

Le trône a convié le génie à ses fêtes :
Du grand cœur des Bourbons que de traits éclatans !
Leur populaire amour a dompté les tempêtes,
  Et réchauffé le vol du Tems.

Orphelin, apprends-moi quel ange tutélaire,
Plaignant ta nudité, du froid la défendit ;
Veuve, de tes travaux qui doubla le salaire ?
  Leur voix se tait et l'honneur dit :

« Si dans nos souvenirs l'humanité contemple
» L'auguste visiteur d'un hameau gémissant,
» Elle y retrouve encor l'Orpheline du Temple.....
  » C'est deux fois le tableau d'Hersent (1). »

Lys, réjouissez-vous sur un front vénérable,
Jaloux du pur encens de la postérité !
France, en est-il assez pour un cœur adorable,
  Asile de la pauvreté !

Ainsi l'orme géant, fortifié par l'âge,
Prolongeant dans les bois ses verdoyans arceaux,
Garantit de la grêle et des feux de l'orage
  Le peuple nain des arbrisseaux.

(1) Louis XVI, dans l'hiver de 1788.

LIVRE CINQUIÈME.

CANTATE I.

LE GÉNIE MUSICAL.

A M. PAER.

RÉCITATIF ANIMÉ.

Monte au trépied de Polymnie !
Que son luth inspiré divinise ta voix,
Illustre enfant de l'Ausonie,
Qui sais de l'auguste harmonie
Noter le sentiment ou moduler ses lois !

Tout cède à son pouvoir, quand ton burin célèbre,
D'un tableau symphonique animant les couleurs,
Peint Camille éplorée au souterrain funèbre,
Et le flambeau d'hymen qui s'éteint dans les pleurs.

CHŒUR.

Salut, ô dieu de la musique,
Ame du sensible univers !
Dans les cités, dans les déserts,
Tout comprend sa langue magique.

CANTATES.

CHANT.

Aux lumineux réseaux
De la voûte éclatante,
Sur la terre ou les eaux,
Dans le cri des oiseaux,
Sous la voile flottante,
Même aux plus tristes bords,
La nature sauvage
De son grossier langage
Lui soumet les accords.

La Peinture est sa fille; et je vois Terpsichore,
Quand règne le désordre en ses jeux vagabonds,
A son rythme sacré qui les gouverne encore
    Asservir ses folâtres bonds.

    Salut, ô dieu de la musique, etc.

DEMI-RÉCITATIF.

    Soit qu'à Saluce une bergère
Livre un cœur indolent aux assauts de l'amour,
    Ton art, dans ce cœur sans détour,
Combat l'indifférence et sa paix mensongère.

CHANT.

Soit qu'au pied d'un cercueil
Le désespoir plus sombre
D'*Agnès* évoque l'ombre
Et sourie à son deuil.

Ainsi de Nina délaissée,
Pasiello, peintre charmant,
A fait délirer la pensée
Sur le vain retour d'un amant.

Salut, ô dieu de la musique, etc.

RÉCITATIF.

Mais, que dis-je? des sons l'art plus ingénieux
Veut que ta main savante interroge et réveille
Ce bois qui tout à coup parle et séduit l'oreille,
Quand sous sa clef frémit un fil mélodieux.

CHANT.

Fais résonner la trompette guerrière!
Soudain hennit le coursier belliqueux,
Fouettant de sa crinière
Les aquilons fougueux.

Je t'écoute : aux combats tu guides une armée
A qui devant la mort le triomphe est prédit :
Sur l'ivoire éloquent ta cadence animée
Prélude à la victoire, et Bellone applaudit.

Enfles-tu le hautbois sonore?
Le pasteur, suivant son troupeau
Sur les monts, consacre à l'Aurore
Tes airs, délices du pipeau.

Sois donc le dieu de la musique, etc.

RÉCITATIF.

Aux antres de Vulcain l'écho redit tes chants :
Le marteau musical, quand ta verve s'allume,
    Imite le bruit de l'enclume
    Et les métaux retentissans.

Sous tes doigts séducteurs, caresses-tu la lyre?
De ma froide beauté tu domptes la rigueur;
Bientôt l'œil de Naïs se ferme de langueur :
    Elle est vaincue, et je soupire.

    Le buveur digne de ce nom,
    Le néophyte de la gloire,
    De tes chants gardent la mémoire
    Sous la treille et près du canon.

    Sois donc le dieu de la musique!
    Le buveur, l'amant, le guerrier,
    D'un ton grave, ou tendre, ou bachique,
    Dans mes vers semblent te crier :

Salut, rival de Cimarose!
Jamais tes chants ne vieilliront.

Permets { qu'un guerrier / qu'un amant / qu'un buveur } pose
Ces lauriers / Ces myrtes / Ces pampres } sur ton front!

CANTATE II.

PYGMALION.

(*Pygmalion regardant sa statue avec amour.*)
Figure donc la vie à mon œil idolâtre,
Fille de mon ciseau! ton insensible albâtre
    Reste froid et sans mouvement.
N'ai-je point ressaisi le feu de Prométhée?
En vain Pygmalion rêve une Galatée;
L'art se rit du sculpteur..... mais vaincra-t-il l'amant?
Non! dans la pierre brute imprime un sentiment;
    Elle résiste.... armons-nous de courage!...
Encore, encore un trait... (*Avec dépit.*) O misérable ouvrage!
Retourne, bloc muet, aux antres de Paros,
Ou, vil socle, gémis sous les pieds d'un héros!

(*Pygmalion à genoux.*)
    Qui, moi céder?... Amour, tyran de l'ame,
    Que la pitié fléchisse ton courroux;
    Lance un éclair de ta céleste flamme;
    Que ma statue embrasse tes genoux!
    De mon ciseau viens allumer les coups!

C'est ainsi qu'un sculpteur, idole de la Grèce,
Devant une beauté, fille de son ciseau,
De son génie en vain sollicitant l'ivresse,
Disputait à l'Amour son magique flambeau,

Sur le trépied des arts Pygmalion allume
Les roses de Paphos qu'un vain brasier consume;
Ce faible enchantement n'attire point l'Amour :
De ses vœux insensés l'Amour rit sur son temple,
Le sculpteur éperdu fuit les rayons du jour.
Mais Vénus étherée, à qui plaît sa chimère,
   Pour lui descend du haut des cieux;
Il invoquait le fils, il attendrit la mère,
Et l'atelier des arts est le séjour des dieux.

   Vénus qu'un nuage
   Soutient dans les airs,
   Atteint sans orage
   Chypre, aux myrtes verts;
   Et sur son passage
   Sourit l'univers.
   D'un charme indicible,
   Prélude enchanteur !
   Sous le toit paisible
   De l'heureux sculpteur,
   Pénètre invisible
   Son œil créateur.

Pygmalion reprend le ciseau du génie :
Il frappe, et de ses coups la savante harmonie
Electrise le bloc où gît la volupté.
Un double sein frémit : la naissante beauté
S'anime lentement au souffle d'Uranie.
Le bloc s'émeut.... La nymphe a senti son beau corps

Tressaillir tout entier, souple dans ses ressorts.
Elle essaie un regard, et son teint se colore;
Elle touche en tremblant l'écharpe qui l'étreint;
Son bras, surpris, s'arrête...... On dirait qu'elle craint
L'instinct du mouvement que sa pudeur ignore.
La pierre existe enfin, mais ne vit pas encore.
C'est peu : comment dompter, sous le ciseau vainqueur,
La dureté du marbre où l'amant veut un cœur?

    Ivre d'amour, et plein de la déesse,
    Pygmalion sur deux veines d'azur
    Porte l'acier dont la course caresse
    Le bloc mouvant sous sa touche plus pur.
    Son ciseau tremble.... Enfin d'un coup plus sûr
    Il a blessé la pierre délicate!
    Le sang circule en la chair incarnate;
Oui, voilà que la nymphe, encor marbre à demi,
      Soupire, et bégayant à peine,
      Offre à l'espoir de son ami
L'effet mystérieux de la vie incertaine.

        Quoi! c'est moi?.... c'est toi?
        Oui, je me réveille;
        O douce merveille,
        J'entends et je vois!.....

    Encore, encore un trait de flamme!
    Ta fille veut un don nouveau :
    Pour bien aimer il faut une ame......
    Que je la doive à ton ciseau!

Au destin de ta Galatée
Unis le tien, père immortel !
Que le socle où je fus sculptée
Pour l'hymen se change en autel.

Encore, encore un trait de flamme !
Ta fille veut un don nouveau :
Pour bien aimer il faut une ame......
Que je la doive à ton ciseau !

CANTATE III.

LES BACCHANALES,

D'APRÈS UN VASE ANTIQUE.

Rends-moi ta coupe enchanteresse!
De Bacchus je suis l'heureux char:
Vin et baiser, double nectar,
Me doivent une double ivresse.
  Jeune bacchante, Ohë!
  Que ton thyrse enjoué
Sous les feux de l'amour me frappe de délire:
  Tu me fuis, je te suis;
  En me suivant tu fuis;
Je chancelle.... et j'entends déraisonner ma lyre!

  L'Amour est plus puissant
  Que le vainqueur du Gange!
  Déjà ton cœur le sent,
  Et ce dieu qui me venge
  Tient son arc menaçant.

Rivale ardente d'Erigone,
Ma Muse a vaincu le sommeil;
Je convoite un raisin vermeil
Qui pend de ta verte couronne;

Quoi! ta folâtre main,
L'égrenant en chemin,
M'attire sur tes pas! Je cours à perdre haleine;
Tu me fuis, je te suis;
En me suivant tu fuis;
Mais voici mon coursier, l'Onagre de Silène!

L'Amour est plus puissant
Que le vainqueur du Gange!
Déjà ton cœur le sent,
Et ce dieu qui me venge,
Tient son arc menaçant.

Sur mon coursier rasant la terre
Je vais, satyre impétueux,
Bien que le vallon tortueux
De tes pas cache le mystère,
Ravir dans mon essor
Le bachique trésor
Que sur ton front lascif balance la Folie.
Tu me fuis, je te suis;
En me suivant tu fuis;
Je veux de ton nectar boire jusqu'à la lie!

L'Amour est plus puissant
Que le vainqueur du Gange!
Déjà ton cœur le sent,
Et ce dieu qui me venge
Tient son arc menaçant.

La vive Antinoë m'échappe :
Son tigre la défend en vain.
Préludons un hymne divin
Sur le jus brillant de la grappe !
  Enchanté par ma voix,
  Le tigre est aux abois,
Et caresse ma main qui marque la cadence ;
  Les faunes pétulans,
  Dans leurs joyeux élans,
Viennent autour de lui former un chœur de danse.

  Triomphez, mes vers !
  De sa blonde tête
  Tombez, pampres verts !
  Elle est ma conquête ;
  Son tigre est aux fers.

Mais qu'ai-je dit ?..... Où donc est-elle ?
Sans doute, au creux de ce rocher.
Onagre, ne va pas broncher !
Il faut surprendre la rebelle.
  Déjà dans l'antre obscur,
  Où jamais d'un jour pur
Ne pénètrent qu'au soir les flèches lumineuses,
  Les faunes pétulans,
  Dans leurs joyeux élans,
La découvrent, dormant sur des roses vineuses.

  Triomphez, mes vers :
  De sa blonde tête

Tombez, pampres verts !
Elle est ma conquête ;
Son tigre est aux fers.

La voilà !..... Si je ne m'abuse,
Sous les pampres d'un cep vieilli :
De tant d'appas enorgueilli,
Ce vieux cep sert en vain sa ruse.
Nymphe, tu ne saurais
De tes piquans attraits
Opposer à mes feux la rigueur qui m'étonne !
O faunes pétulans !
Dans vos joyeux élans,
Dressez l'autel d'hymen ; qu'on renverse une tonne !

Triomphez, mes vers !
De sa blonde tête
Tombez, pampres verts !
Elle est ma conquête ;
Son tigre est aux fers.

Eloignez-vous, troupe folâtre !
Je l'ai séduite par mes chants :
Eloignez-vous ! et dans ces champs
De vos jeux dressez le théâtre !
J'enchaîne la beauté
D'un nœud de volupté ;
Eloignez-vous ! l'Amour, de Bacchus est complice ;
Et vous, dieux bocagers,
Sur vos pipeaux légers
Préludez ! il est tems que l'hymen s'accomplisse.

Loin d'Antinoë,
Faunes, courez boire;
Du thyrse enjoué
Racontant l'histoire,
Chantez ma victoire
Au cri d'Evoë!

Quoi! les traits du dieu d'Amathonte
Ont énervé mes sens vaincus;
A mon secours vole, Bacchus!
De l'Amour souffres-tu la honte?
Jeune ménade, Ohë!
Que ton thyrse enjoué
Illustre de nos jeux les galantes annales;
Sur ces monts étonnés,
Cymbales, résonnez!
Quand le dieu des plaisirs ouvre ses bacchanales.

Loin d'Antinoë,
Faunes, courez boire :
Du thyrse enjoué
Racontant l'histoire,
Chantez ma victoire
Au cri d'Evoë!

Nymphe, tes cheveux se hérissent:
Eros est déjà dans tes yeux;
Tu ne sortiras de ces lieux,
Où mes sens de langueur périssent,
Que lorsque des neuf Sœurs,

Ta voix, par ses douceurs,
Aura pu tempérer l'ivresse où je succombe;
Je bois..... vœux superflus!
Je ne chanterai plus:
Bacchus rit de l'Amour, dont sa coupe est la tombe.

Loin d'Antinoë,
Faunes, courez boire;
Du thyrse enjoué
Racontant l'histoire,
Chantez ma victoire
Au cri d'Evoë!

CANTATE IV.

JEANNE D'ARC.

Aux champs de la Lorraine une jeune inspirée,
Sous le toit des pasteurs, à la gloire sourit :
Pour relever des lis la couronne sacrée,
Elle dérobe une arme, et son cœur s'aguerrit.
Aux remparts de Poitiers elle marche en silence :
Dans sa main la houlette a fait place à la lance ;
Un casque belliqueux rayonne sur son front ;
Un corsage d'acier couvre l'humble tunique
De celle qui bientôt, dans le camp britannique,
    Doit venger un insigne affront.
Elle atteint le palais où Charle et sa maîtresse
Epuisaient des plaisirs la coupe enchanteresse :
Déjà cette guerrière, honneur de Donremy,
Sans l'avoir vu jamais salue avec mystère
    Ce roi, loin du trône endormi
Par les soupirs d'Agnès, et le charme adultère
D'un Dieu, plus que l'Anglais, son cruel ennemi.

    « Charles, volons aux rives de la Loire !
    » Je vis un soir, en gardant mes troupeaux,
    » Ton front orné des fleurs de la victoire,
    » Talbot fuyant, et le char de la gloire
    » Aux murs de Reims emportant tes drapeaux. »

Le monarque à ces mots conçoit un doux présage :
Il pense voir un ange accomplir son message,
Sous les traits ingénus de la vierge des champs.
Un instant il admire et son port et son geste;
Et son regard mystique, et sa grâce modeste,
Et de sa noble voix les sons fiers et touchans;
Enfin à la bergère il tend sa main auguste :
« Sois donc la bien-venue, amante des combats;
» Servante du Très-Haut, salut! ma cause est juste;
  » Vers Orléans guide mes pas!
» Oui, Valois se réveille, il ressaisit la foudre;
  » Oui, j'en crois le Dieu rédempteur,
  » Ma fille, un peuple usurpateur
» Aux champs Auréliens sera réduit en poudre.

    » Dunois nous appelle
    » Aux bords où périt
    » La cité fidèle
    » Que Valois chérit.
    » Pars, jeune immortelle!
    » Le ciel te sourit.
    » J'en crois ta prière
    » Et tes saints avis;
    » Pars, jeune guerrière!
    » Ses murs asservis
    » Pleurent la bannière
    » Qu'illustra Clovis.

» La voilà!..... dans tes mains je remets avec joie
» L'oriflamme des Francs qui suivait mes aïeux.

» Aux plis fleurdelisés de sa flottante soie,
» Je lis : TALBOT VAINCU, CHARLES VICTORIEUX.
  » Sur ce drapeau comme en tes yeux
  » Tout mon avenir se déploie. »

Il dit : l'Amour s'enfuit poussant un cri d'effroi ;
La France a recouvré son génie et son roi.
Jeanne assemble ses preux ; et l'ange du courage,
  Des destins maîtrisant la loi,
Sur les fils d'Albion semble souffler l'orage.
Réveillés par l'honneur, les glaives assoupis
Egalent dans nos champs le nombre des épis,
Et la valeur médite une moisson sanglante.
Sous les murs d'Aurélie un camp s'est élevé :
Déjà du fier Talbot la vertu chancelante
Ne rit plus du succès qu'une fille a rêvé ;
Le prophétique arrêt ne tient plus du mensonge ;
Il a vu l'héroïne, étonnant ses rivaux,
  Comme Roland à Roncevaux,
Combattre, et de l'honneur réaliser le songe.
Azincourt est vengé : Talbot reste interdit.
A ce divin spectacle Orléans applaudit ;
La vierge des hameaux suit le cours de sa haine ;
Des bastions anglais elle a rompu la chaîne ;
  Elle triomphe, elle prédit.
Là, montant la première à l'échelle homicide,
  Qui des remparts facilite l'accès,
Elle abrége un combat dont son aspect décide
  L'acharnement autant que le succès.

Ici, trois fois blessée et trois fois secourue,
Trois fois elle revient aux horreurs de l'assaut,
S'élance, et l'on dirait que l'ombre du Très-Haut
Aux Anglais consternés près d'elle est apparue.
Le désespoir, la honte et la mort tour à tour,
Atteignent l'étranger au sommet de sa tour :
   L'huile brûlante et la poix emflammée,
   Les fers aigus, les débris des remparts
   Pleuvent sur Jeanne et l'héroïque armée
   Qui se rallie au feu de ses regards.

     Sous la lance
     De Dunois,
     En silence
     L'Hybernois,
     Qui succombe,
     Fuit et tombe
     Comme un trait
     Dans la Loire,
     Où sa gloire
     Disparaît.

Mais la dernière tour à la sainte héroïne
Se rend : en vain le fort touchait à sa ruine ;
  Sur ses créneaux elle est debout,
  Prie, encourage, veille à tout ;
C'est là qu'est son drapeau, mais son glaive est partout.
Jeanne allait s'engloutir sous de vastes décombres
Quand le jour à la nuit vient d'emprunter ses ombres ;

Un tumulte guerrier fait gémir les remparts
    Qui s'ébranlent de toutes parts :
O prodige!..... soudain sans chef, sans espérance,
    Les Anglais, par le sort trahis,
Ont vu s'illuminer l'étendard de la France,
Et la fille des champs a sauvé son pays;
    Son pays n'est plus tributaire,
Reims bénit dans sa nef le sceptre héréditaire.

        Triomphe, Valois!
        Triomphe, patrie!
        Jeanne, à haute voix,
        Vous salue, et crie :
        La chevalerie
        Est l'ame des rois;
        Triomphe, Valois!
        Triomphe, patrie!

HYMNE I.

DE SIMONIDE (1).

Le vent tumultueux qui souffle avec furie,
Pousse la nef d'airain sur les flots mugissans;
Danaë de son fils saisit la main chérie
    Qu'échauffent ses doigts caressans.

Le visage inondé d'une source de larmes,
La voix émue encor d'une soudaine horreur,
De l'héritier d'Achrise elle observe les charmes,
    Et révèle ainsi sa terreur :

« O destin rigoureux ! anxiété profonde !
» J'erre, hélas ! loin d'Argos et d'un père irrité;
» Quand je crains pour tes jours, mon fils, quand le ciel gronde,
    » Tu dors sur mon sein agité.

» Toi, qu'à peine protége une prison mouvante,
» Sous un ciel ténébreux, jouet de flots amers,
» Quand mon cœur maternel tressaille d'épouvante,
    » Tu souris, bercé par les mers.

» Si dans les airs obscurs une vague élancée
» Franchit ton front serein sans mouiller tes cheveux,

---

(1) Plaintes de Danaë.

» Tu n'y songes pas plus, cher et jeune Persée,
» Qu'au choc des Aquilons fougueux.

» Alors qu'une tunique, ouvrage de ta mère,
» Dans la pourpre des rois voile tes traits charmans,
» Ta vue a redoublé de mon angoisse amère
» Les douloureux saisissemens.

» Du sort injurieux que le ciel nous destine,
» Si tu pouvais, hélas! soupçonner la rigueur,
» Tu prêterais du moins une oreille enfantine
» Au cri déchirant de mon cœur!

» Dors, mes jeunes amours, dors d'un sommeil paisible,
» Dors, enfant, balancé par ces flots orageux;
» Vents et mers, que tout dorme, et qu'à mes pleurs sensible
» L'adversité dorme avec eux!

» O souverain des cieux, mon désespoir t'implore!
» Assiste cet enfant, tu le dois, il t'est cher;
» Grand Dieu! souffriras-tu que ce gouffre dévore
» Le noble fils de Jupiter! »

HYMNE II.

D'ARION (1).

O Roi des vastes mers, qui, révéré des cieux,
D'un triple sceptre d'or armes ta main sacrée,
Tu ceins le monde entier des flots capricieux
    De ta chevelure azurée !

A ta voix qui résonne en tes palais profonds,
Quand tu sors des cristaux que l'Océan habite,
J'ai vu se rassembler les troupeaux vagabonds
    Des humides sœurs d'Amphitrite.

Quels monstres dévorans accourent se ranger
Sur tes pas, que caresse une mer aplanie ?
C'est le coursier soyeux ou le dauphin léger,
    Sensible amant de l'harmonie.

C'est lui.... c'est le dauphin qui, sur son dos voûté,
Dans les longues erreurs d'un trajet difficile,
Aux états de Pélops m'a doucement porté
    Des noirs écueils de la Sicile.

Sur une onde inconnue aux bruyans Aquilons,
Me servant de vaisseau dans ma course égarée,

(1) A Neptune.

LIVRE V.

Sous moi je le vis fendre en rapides sillons
　　Les mobiles champs de Nérée.

Salut! toi qui, séduit par mes nobles concerts,
Dont l'avare nocher outrageait le délire,
Pilote hospitalier de ces gouffres déserts,
　　Sauvas le poète et sa lyre!

HYMNE III.

D'ÉRYNNE [1].

Salut, fille de Mars, déesse révérée,
Force, toi des grands cœurs désirable trésor !
De la terre et des cieux habitante sacrée,
Ton front porte aux combats une couronne d'or.

Tu reçus en naissant, de la faveur des Parques,
Ce sceptre qui jamais ne vacille en ta main ;
Ce trône, ferme appui du trône des monarques,
Ce trône d'où ta voix commande au genre humain.

Ton bras, emprisonnant la mer dans ses rivages,
Presse la terre aussi de ses immenses nœuds ;
Préservant les cités des belliqueux ravages,
Des états florissans tu consacres les vœux.

L'inexorable Tems, contre nous s'il conspire,
S'il frappe en souriant la triste humanité,
Le Tems, qui reconnaît ton éternel empire,
Sur toi souffle le vent de la prospérité.

Ta voix se fait entendre : à ses accens superbes
De héros apparaît un immortel essaim,
Tels les nombreux épis que Cérès tresse en gerbes,
Quand l'Eté, de Cybèle a fécondé le sein.

(1) A la Force.

HYMNE IV.

DE TYRTÉE.

Guerriers, n'êtes-vous plus les descendans d'Alcide?
Le succès est douteux : que l'honneur en décide;
Vous avez devant vous des ennemis nombreux;
Mais peu souvent le nombre a conquis la victoire;
Préférez, en mourant, les rayons de la gloire
      A des jours ténébreux!

Jupiter est pour nous : tenons tête à l'orage;
Ralliez-vous, amis, dans les champs du courage!
Il faut vaincre ou mourir : le sort est incertain;
Mais un beau désespoir est l'ame de la guerre;
Et, vainqueur ou vaincu, votre bras sut naguère
      Enchaîner le destin.

D'un transport belliqueux leur troupe est enflammée;
Précipitez vos pas, et pressez cette armée!
Songez que, s'il écoute un avis suborneur,
Le danger suit le lâche en sa fuite coupable,
Mais respecte un guerrier qu'il trouve inébranlable
      Au poste de l'honneur.

D'un déserteur de Mars subirez-vous la honte,
Amis? Loin des périls que le brave surmonte,
Il vit, mais à la gloire il est mort tout entier;
Soit que chargé de fers dans l'opprobre il soupire,

Soit que son dos sanglant atteste qu'il expire
     Hors du noble sentier.

A nos fiers ennemis opposez en silence
L'abri des boucliers et l'effroi de la lance,
Une mâle attitude, un œil plein de courroux;
Oui, bravons de leurs traits les grêles homicides,
Au sol de la valeur combattans intrépides,
     Tant qu'un glaive est à nous.

Guerriers, serrez vos rangs! D'un ennemi barbare
Pressez, frappez le front; que votre ardeur l'égare :
Agitez votre lance en signe de mépris;
Joignez, dans la mêlée, arme, étendard, panache;
Et que vos nobles mains du trait qu'on vous arrache
     Disputent les débris.

Fils de Lacédémone, enfans nés pour la guerre,
Rapides à la course, armés à la légère,
De la fronde attaquez cet ennemi tremblant;
D'un large bouclier le triple airain vous couvre;
Lancez le javelot, et du chemin qu'il s'ouvre
     Ramenez-le sanglant!

POËMES.

LE POÈTE
AU MONT PAUSILIPPE [1].

A M. LE DUC DE CHEVREUSE.

(1816.)

Je couronne l'hymen des roses de la fable,
Ce tableau vous est dû, fils d'un grand connétable :
Si l'éclat des vertus inspire le talent,
Ma muse vous devait un souvenir brillant;
Au champs napolitains sur ses pas je m'élance :
Déjà sur Pausilippe elle plane en silence.

Sur la fin du printems, par une belle nuit,
Désertant Parthénope (2) et son humble réduit,
Un jeune favori des nymphes d'Hippocrène
Franchit les murs fameux que fonda la Sirène :
Mais où vont s'arrêter ses pas, et dans quel lieu
L'entraîneront des vers le génie et le dieu ?
Le poète ira-t-il, quand sa verve s'allume,
Consulter la Sibylle au vieil antre de Cume,

---

[1] Ce poëme fut composé à l'occasion du mariage de S. A. R. Mgr le duc de Berri. M. le duc de Chevreuse fut un des quatre témoins nommés par le Roi.

[2] Parthénope, ancien nom de Naples, qu'elle tenait d'une des Sirènes qui charmèrent Ulysse.

LE POÈTE

D'Hercule (1) interroger les antiques remparts
D'où la main des Bourbons exhuma les beaux-arts,
Et rêver sur ce golfe où l'œil de loin embrasse
Le tombeau de Virgile et le berceau du Tasse (2)?

Incertain, il errait sur sur ces bords enchanteurs;
Soudain du Pausilippe il atteint les hauteurs (3)
Où les grands souvenirs de Rome et de la Grèce
Firent naître souvent sa poétique ivresse.
Là furent apportés, d'un rivage lointain,
La cendre et les écrits de l'Homère latin :
Là, sur la fin du jour, on voit errer son ombre :
Près d'un temple en ruine est une voûte sombre;
Les murs en sont détruits : mais si l'art du ciseau
N'a pu des coups du tems préserver ce tombeau,
De ce lieu que révèle un laurier séculaire
L'auguste poésie a fait son sanctuaire.
L'amant des doctes Sœurs s'assied sous ses murs :
Tout à coup d'Apollon l'extase l'a surpris;
Les sons d'un luth divin ont frappé son oreille,
Et de l'antique mont l'oracle se réveille :
« Parais, disait la voix, brille, astre de l'amour !
» Lève-toi sur le monde aux premiers feux du jour !
» Et toi, de la Sicile ô Muse favorite,

(1) Herculanum : ce sont les princes de Naples qui ordonnèrent les premières fouilles sous Portici.
(2) Sorrento, à la droite du golfe de Naples.
(3) C'est sur le Pausilippe que l'on voit la tombe de Virgile : ce mont tient à l'un des faubourgs de Naples.

» Qui, près de l'Aréthuse, inspirais Théocrite,
» Dis au peuple voisin de nos champs paternels
» D'une auguste union les apprêts solennels;
» La vierge de l'Alphée (1), et le fils de la Seine
» Promettent de héros une immortelle chaîne.
» *Tendre hymen, hâte-toi d'allumer ton flambeau;*
» *Le trône d'un bon Roi te demande un berceau!*
» Muse, orne de festons l'autel des sacrifices !
» Des vallons d'Agrigente amène deux génisses (2) :
» Que l'encens brûle et monte en flots évaporé !
» O nymphe, si j'en crois un augure sacré,
» Près de son noble époux, loin des flots de Tyrrhène,
» Bientôt tu guideras une nouvelle reine;
» Et les lys, renaissant dans vingt climats divers,
» Vont de leur triple tige (3) ombrager l'univers.
» Un grand peuple t'attend : pars, auguste princesse !
» Au-devant de tes pas vois voler sa tendresse !
» Sois la mère des lys : que ta fécondité
» Garantisse à ton sang sa sainte hérédité !
» Pars, le printems sourit au doux nœud qui s'apprête;
» La nature à l'amour veut donner une fête.
» *Tendre hymen, hâte-toi d'allumer ton flambeau,*
» *Le trône d'un bon Roi te demande un berceau!*
» Le destin devant moi tient son livre immobile;
» Les voilà donc ces tems prédits par la Sibylle !

(1) Fleuve de la Sicile.
(2) Agrigentum, ville de la grande Grèce, célèbre par ses campagnes.
(3) Les trois branches de l'auguste maison de BOURBON, Naples, Espagne et France.

» Du dieu, né de Maïa, le sceptre sur les eaux
» Du florissant commerce ouvre tous les canaux ;
» Calliope sourit au fils de l'harmonie,
» Le siècle de la paix est celui du génie :
» Les toiles d'Arachné couvrent les boucliers ;
» La rouille a consumé les glaives meurtriers ;
» Tous les rois sont amis, tous les peuples sont frères ;
» Où j'ai vu des tyrans, je ne vois que des pères !
» *Tournez, tournez long-tems le fuseau de leurs jours,*
» *O Parques ! protégez la gloire et les amours.* »

Ici la voix se tait, et le laurier antique
Trois fois s'est incliné vers le sol prophétique ;
Le Pausilippe tremble : Averne voit ses eaux
S'échapper en grondant de ses fangeux roseaux ;
Des chants harmonieux partent de l'Elysée,
Et l'ombre disparaît sous la voûte brisée.
Instruit par cet oracle, interprète des cieux,
L'inspiré d'Apollon, du Mont silencieux,
Salue avec transport le vert amphithéâtre (1),
Qu'il suit encor long-tems d'un regard idolâtre.
L'aurore paraissait.... Une conque d'azur,
Sur le cristal de l'onde immobile et plus pur,
S'avance : il voit Thétis et sa cour favorite
En triomphe escorter une sœur d'Amphitrite ;
Les Tritons, devant elle aplanissant les mers,
D'un nuage de fleurs couvrent les flots amers ;

---

(1) Naples est bâtie au pied d'un cercle de collines.

Dans leur dépit jaloux les filles de Nérée,
S'élançant tout à coup vers leur grotte sacrée,
Vont cacher dans le sein des liquides palais,
Mille charmes vaincus par d'augustes attraits.
Mais bientôt dans sa nef, qu'une colombe traîne,
La déité reçoit la nymphe de la Seine,
L'Amour rit, le char vole, et l'Olympe applaudit.

Le poète admirait ce qu'un Dieu lui prédit :
L'airain gronde soudain sur cette tour ovale (1),
Du phare de Messine orgueilleuse rivale ;
Des monts de Sélinonte et des vieux Apennins (2)
L'écho triomphateur redit des chants divins ;
Les Thermes de Stabie et le roc de Misène (3),
Du pavillon des lys ont décoré la scène ;
Vers Pouzzole entraîné, tout le peuple à grands flots (4)
Vole au cirque des jeux comme au jour du repos ;
De feuillages, de fleurs la nacelle parée
Va déposer les uns sur les bords de Caprée (5),
Les autres, à Rhétine ; et là, de toutes parts,
Leur pied foule en dansant la cendre des Césars.

Le poète est saisi d'une céleste ivresse :
« Célèbre CAROLINE, ô Muse enchanteresse,

---

(1) Le château de l'Œuf.
(2) Montagnes de la Sicile.
(3) Stabie, village situé aux pieds du Vésuve.
(4) Pouzzolles, où l'on se rend par cette fameuse grotte, creusée sous le Pausilippe.
(5) Ile, séjour fréquenté des Césars, et théâtre de leur molesse.

» A-t-il dit ; sur ses pas répands de chastes fleurs !
» Dis combien son aïeul fut grand dans les malheurs,
» Quand on brisait des rois l'effigie et les tombes,
» Aux jours où Parthénope, immenses catacombes,
» Comme ses souterrains, attristait tous les yeux !
» Consacre dans tes chants cet exil glorieux !
» Dis-nous que sous ses lois la riche Trinacrie
» Du commerce et des arts fut toujours la patrie !
» Montre ses ports peuplés de pavillons amis,
» D'Archimède, à sa voix, les remparts raffermis,
» Et Palerme admirant, dans son roi pacifique,
» Antonin sur le trône, et Socrate au portique !
» Naples, tu le pleurais !.... chante, il est parmi nous !
» Un souvenir amer rend le présent plus doux.
» Mais quand des lys vainqueurs le bienfaisant génie
» Enrichit de ses dons l'heureuse Campanie;
» Quand le bruyant salpêtre, en s'élevant au cieux,
» D'un bouquet nuptial va saluer les dieux ;
» D'où vient que de l'Etna le rival en furie,
» D'un déluge de cendre inondant l'Hespérie,
» Trouble cet arc brillant dont l'horizon se peint ! »

    Il chantait : tout à coup le Vésuve s'éteint.
Et tel que ce rocher, épuisé de sa lave,
Qui des feux de Vulcain fatigué d'être esclave,
Retombe sur sa base, et, par enchantement,
De temples, de bosquets se couvre en un moment :
Ainsi, devant l'hymen, doux espoir de la terre,
Le volcan politique a fermé son cratère.

LE VILLAGE ABANDONNÉ,

TRADUIT D'OLIVIER GOLDSMITH.

A Mme LA MARQUISE DU LUART, NÉE D'HARCOURT.

  Si *Goldsmith*, poète enchanteur,
  Cousine, eût décrit dans cet âge
 Le triste exil des enfans du village,
 Et les excès d'un luxe usurpateur,
Il vous eût dans ses vers invoqué la première.
Le peuple des hameaux raconte vos bienfaits;
  Et votre nom, cher au palais,
  Ne l'est pas moins sous la chaumière.
Ecoutons les accens du philosophe anglais :

AUBURN, heureux village, ornement de la plaine,
Où la santé débile et l'année incertaine
N'affligèrent jamais le villageois actif :
O toi, que visitait un printems plus hâtif,
Toi, qu'enfin, si l'été pressait l'exil de Flore,
D'un automne fleuri t'embellissais encore!
Salut! riant séjour d'innocence et de paix!
Salut! ô mon berceau! salut! bocages frais!
Du champêtre bonheur, ô modeste théâtre!
De mes jeux enfantins tu vis l'élan folâtre;
Côteau, vallons charmans, autour de lui formés,
Que de fois j'ai foulé vos tapis embaumés!

Mes yeux, vous le savez, baignés de douces larmes,
Ont souvent admiré vos romantiques charmes ;
Le chaume hospitalier, asile du bonheur ;
La ferme cultivée avec tant de labeur ;
La source toujours vive, et le moulin guéable,
Agitant dans son cours une aile infatigable ;
L'antique presbytère, élevant sur les bois
Sa flèche que parait une modeste croix ;
Et l'enclos d'aubépine, et ses siéges rustiques.
Là, souvent le matin, près de ces murs gothiques,
Je voyais accourir, dans le tems des chaleurs,
Et les amans discrets et les vieillards causeurs.
Que de fois, au déclin d'une belle journée,
Sous l'arbre épanoui la jeunesse entraînée
Se livra tout le jour à des jeux innocens,
Que lui rendait plus doux la fatigue des champs !
Là, sous l'orme aux cent bras, planté par leurs ancêtres,
Il me semble encor voir, en des luttes champêtres,
De jeunes villageois, robustes et joyeux,
Par de rians défis se signaler entre eux
Dans le cercle bruyant, où triomphe en cadence
Le couple infatigable aux assauts de la danse.
Là, le pâtre enhardi, faisant le joli cœur,
Approche de sa belle un visage en sueur ;
Tandis que, pour glacer son indiscret délire,
La main qui le repousse a provoqué le rire.
Ici, d'un œil furtif, l'amante en liberté
Cause avec son amant au logis rebuté ;
Quand, plus prompt que la foudre, un regard de la mère

LE VILLAGE ABANDONNÉ.

Impose aux yeux parleurs un silence sévère.
O touchans souvenirs! délicieux tableau!
Tels furent tes plaisirs, ô paisible hameau!
Tes charmes sont passés, et l'art te dénature;
La désolation rembrunit ta verdure :
Tu n'as plus qu'un seul maître, un riche sans pitié.
Je ne vois plus tes champs fertiles qu'à moitié;
Ton ruisseau si limpide en sa pente première,
Déjà ceint de roseaux repousse la lumière;
Le jonc n'y trace plus qu'un sauvage sentier;
L'effraie, aux cris aigus, le peuple tout entier.
Incommode habitant de tes clairières sombres,
Le vanneau s'y promène, ami des froides ombres,
Et d'un chant monotone attriste les échos.
Tes bocages déserts maudissent le repos;
Et quand l'herbe rampante envahit leurs racines,
Les fils du vieux hameau, tremblant sous des ruines,
Pour échapper au joug d'un hôte usurpateur,
S'exilent, en pleurant, de ton site enchanteur.

Malheureuse la terre où ces maux se refoulent!
Où l'or a dominé les chaumières s'écroulent.
Sur le sol inactif la culture se perd,
Et le champ nourricier se transforme en désert.
Il fut un tems propice aux vœux de l'Angleterre :
Quand les troubles civils n'y portaient point la guerre,
Le fertile travail n'était point entravé;
L'homme vivait des fruits de son champ cultivé;
La vigueur du commerce, ame des trois royaumes,

L'abondance publique, en soutenant les chaumes,
Y faisaient honorer le zèle et la vertu.
L'homme alors n'avait point le goût du superflu;
Et voyant nos plaisirs avec indifférence,
Son plus riche trésor était son ignorance.

Mais les tems sont changés : des caprices nombreux
Ont corrompu les cœurs, multiplié les vœux.
Le luxe envahisseur, à qui rien ne résiste,
A livré ce village au génie égoïste.
Dans la plaine où j'ai vu tant de chaumes épars,
La morne solitude attriste mes regards.
Dans ces champs si féconds, ô malheureux contraste!
Je vois l'agriculture immolée au vain faste :
Méprisant des besoins que, sur la terre en deuil,
La folie en tributs vient payer à l'orgueil,
La vertu fuit ces lieux à sa candeur funestes.
Sous un chaume enrichi par les bienfaits célestes,
Où le laboureur, sobre et content de si peu,
De la simple nature accomplissait le vœu,
La fleur de la santé, richesse de la vie,
Au front de ces mortels brillait épanouie,
Et sur l'humble hameau répandait chaque jour
La paix qu'une heure à peine osait troubler l'amour.
Tous ces biens avec eux cherchent une autre rive :
Le bonheur disparaît, la joie est fugitive.
Le travail est sans bras où s'énervent les cœurs;
Et l'aurore du luxe est le déclin des mœurs.

Délicieux Auburn, père de l'allégresse,

LE VILLAGE ABANDONNÉ.

Tes champs, abandonnés au luxe, à la paresse,
Attestent le dédain d'un maître insoucieux.
Lorsque j'égare ici mes pas silencieux
Dans des chemins rompus et des terres en friche,
J'accuse avec douleur l'oisiveté du riche.
Voyageur fatigué, quand je rentre au hameau,
De l'aubépine en fleur regrettant le berceau,
Mon active mémoire, éveillée avec peine,
Aux plus doux souvenirs tristement me ramène :
Mille pensers amers dans mon cœur oppressé
Altèrent tout à coup l'image du passé.

Dans le cours d'une vie austère et vagabonde,
Las enfin des erreurs qui tourmentent le monde,
J'espérais vers ces lieux terminer mes vieux ans;
Et, reposant mon front dans ces bosquets rians,
Ménager sur la fin le flambeau de ma vie,
Aux caprices du sort trop long-tems asservie.
Oui, prolongeant ainsi, sous un ciel enchanté,
De mes yeux presque éteints la débile clarté,
J'avais l'espoir (nos cœurs d'orgueil sont toujours ivres)
D'apprendre aux villageois ce que m'ont dit les livres;
Autour de mon foyer les rassembler le soir,
Et leur transmettre un peu de mon faible savoir.
Tel qu'un lièvre, lancé par la meute en furie,
Aspire à regagner sa retraite chérie,
Ainsi, dans mes vieux jours, libre d'un sort cruel,
J'aspirais à mourir sous le toit paternel.

O fortuné village, ami de ma jeunesse,

Inconnu des chagrins qui m'ont suivi sans cesse!
Trop heureux le mortel qui sous ton doux abri
Cultiva, jeune encor, le champ qui l'a nourri;
Et venu sans combat au terme du voyage,
Du calme des vieux jours couronna son bel âge,
Loin d'un monde pervers où les cœurs vertueux
Sont partout abreuvés de dégoûts fastueux!
Du moins le villageois, né pour de longues peines,
Des métaux souterrains n'y sonde pas les veines,
Ou, sur les flots errant, ne court braver d'écueil.
Un suisse, aux flancs brodés, de son rustique seuil
Ne repousse jamais l'indigent qui l'implore.
Guidé par ses vertus, s'il s'achemine encore,
Voyageur d'un moment, aux lieux de son berceau,
Dans un chœur angélique il descend au tombeau;
Et du funèbre asile où son déclin le pousse,
La résignation lui rend la pente douce :
Un céleste rayon s'est glissé dans ses yeux,
Et son premier regard commence dans les cieux.

Quel doux bruit s'élevait des chaumes du village
Quand ce mont vers la nuit voilait ton paysage!
Là, tandis qu'à pas lents j'errais calme et rêveur,
Un son vague et confus, agréable à mon cœur,
Parvenait adouci jusqu'à sa cime altière.
Le vieux pâtre, imitant la voix de la laitière;
Le bœuf laborieux, dételé du travail,
Mugissant de plaisir à l'aspect du bercail;
Les marmots gambadans au sortir de l'école;

LE VILLAGE ABANDONNÉ.

L'oie, au gosier perçant, qui, dès que souffle Eole,
Dans l'étang limoneux se plonge en babillant;
Du rustique manoir le gardien vigilant,
Que rend même inquiet le vent du crépuscule;
Et le rire expansif qui s'augmente et circule
Au rendez-vous chéri des buveurs égayés;
Par mille sons confus dans les airs déployés,
Charmaient ma rêverie, et brisaient la cadence
Du chantre harmonieux des nuits et du silence.
Mais, hélas! à présent ces vallons sont déserts;
Des murmures joyeux n'y troublent plus les airs;
Nul pas lent ou pressé de vieillards ou d'imberbes
Ne foule ces sentiers envahis par les herbes.
La taupe et le mulot, par de nombreux sillons,
Nous attestent qu'eux seuls habitent ces vallons.
Oui, tout a disparu sur cette pauvre terre;
Seulement une vieille, infirme, solitaire,
S'offre à mes yeux, penchée au bord d'un clair ruisseau.
Hélas! l'infortunée, à deux pas du tombeau,
Se voit forcée encor, pour soutenir sa vie,
De ravir le cresson dont sa rive est fleurie,
D'arracher de l'épine un fagot pour l'hiver,
D'éviter sous un roc l'inclémence de l'air;
Seule, d'un peuple entier déplorable relique,
Et du hameau désert historienne antique!

Jadis fut un jardin non loin de ce bosquet;
Un vieux jasmin encor le parfume à regret;
Là, dans l'espace ouvert à la ronce sauvage,

Demeurait autrefois le pasteur du village :
Sa rente se montait à trois fois douze écus ;
Et cette somme alors en faisait un Crésus.
Cet homme était chéri dans toute la contrée :
Loin des villes prêchant la parole sacrée,
Ignorant l'art trompeur de flatter le pouvoir,
Il ne brigua jamais un plus riche manoir.
Sa doctrine pieuse, en aucun tems servile,
Jamais aux vœux mondains ne se montra docile.
Son toit des indigens était le rendez-vous :
Grondant les paresseux sans fiel et sans courroux,
Il n'en donnait pas moins l'obole hebdomadaire.
Le pauvre, qu'honorait sa barbe octogénaire,
Etait toujours son hôte ; et le dissipateur
Trouvait encor chez lui la parenté du cœur.
Le soldat mutilé dans le champ de Bellone,
Trop fier pour demander ou recevoir l'aumône,
Sûr d'y trouver un lit, assis au coin du feu,
Appréciait le cœur du ministre de Dieu,
Au pasteur trente fois contait la même histoire,
Le grand jour où Malbroug les menait à la gloire ;
Et du geste animant le récit du combat,
La béquille en avant, montrait comme on se bat.
Le saint homme riait aux discours de ses hôtes ;
Oubliant quelquefois leurs travers et leurs fautes,
Il prouvait, par les soins de l'hospitalité,
Que l'esprit de son culte était l'humanité.
Soulager le malheur fut son unique envie ;
Sa gloire, la vertu ; la charité, sa vie.

Il écoutait, marchait, priait, et ses discours
Par de nouveaux bienfaits se terminaient toujours.
On l'aimait comme un père; et, tel qu'au pied d'un chêne
L'oiseau de ses petits guide l'aile incertaine,
Ainsi, quand la jeunesse osait prendre l'essor,
Dans ses légers écarts il la suivait encor;
Arrêtait l'imprudence, animait la paresse,
Et ramenait son peuple aux pieds de la Sagesse.
Près du lit où gisait le pâle moribond
On ne le voyait point arriver le second.
Là restait enchaîné le pasteur vénérable :
A sa voix la douleur, fruit d'un mal incurable,
Semblait s'évanouir par un charme vainqueur;
Le baume de l'espoir découlait de son cœur;
Et dans les derniers mots d'un mourant indocile
Triomphait tout à coup l'esprit de l'Evangile.
Sa grâce naturelle et son chaste maintien
Commandaient, dans l'église, au villageois chrétien.
Le service achevé, le peuple du village
Entourait à l'envi le pieux personnage.
Les enfans le suivaient jusques à son manoir,
Par niche, tour à tour, tirant son manteau noir;
Son sourire exprimait la tendresse d'un père.
Grâce à lui, du hameau le sort était prospère.
Il leur ouvrait son cœur, sa bourse, et dans ses yeux
Rayonnait constamment le doux calme des cieux (1).

(1) Goldsmith nous apprend que c'est le portrait de son père qu'il a voulu tracer dans celui du presbytérien.

Près du genêt fleuri qui se prolonge en haie,
Dans le sentier ombreux que son rameau se fraie,
Habitait un savant que je n'ai pu souffrir;
Homme habile dans l'art de se faire obéir,
Le magister enfin. Dans sa bruyante école
Réprimant la paresse et le désir frivole :
Homme sévère et dur, on jugeait à son air
Qu'il était des hameaux le plus grand magister.
Les marmots turbulens de cet humble village
De son fouet correcteur ont trop connu l'usage;
Tremblans à son aspect, ils lisaient dans ses yeux
Des désastres du jour le présage odieux.
Lorsqu'il les promenait dans les plaines fleuries,
Tous affectaient de rire à ses plaisanteries;
C'était un conteur gai.... Mais l'essaim puéril
Frissonnait de terreur s'il fronçait le sourcil.
Toutefois il passait pour un excellent homme;
Et si, grave parfois comme un consul de Rome,
A son humeur sévère il accordait un jour,
C'est que de la science il eut l'ardent amour.
Le village admirait son studieux délire.
Il sut, le fait est vrai, chiffrer, écrire et lire,
Mesurer l'arpentage, et présager de plus
Et les solennités et les termes échus;
Même nous apprenons de la fidèle histoire
Que dans l'art de jauger il ne fut pas sans gloire.
Dans la docte dispute, au pasteur quelquefois
Il faisait admirer les foudres de sa voix;
Et le pasteur vaincu, lui cédant la partie,

LE VILLAGE ABANDONNÉ.

Enflait par ses égards sa fausse modestie.
La bouche et l'œil béans, autour de lui rangés,
Les pauvres villageois, dans la lutte engagés,
Demeuraient ébahis qu'une aussi mince tête,
D'un si vaste génie enfermât la conquête.
Mais sa gloire n'est plus.... et la ronce étouffa
La tribune rustique où sa voix triompha.

Près de ce vieux buisson où le lézard se glisse,
S'élevait une enseigne aux ivrognes propice.
Là, les Wighs du village, en sablant le porter,
De vieux journaux en main, venaient se délecter;
Tous à la fois hurlant sur des faits politiques,
Plus sombres que leur bière et cent fois plus antiques.
L'imagination se plaît à retracer
Le chaume où, jeune encor, je les vis se presser.
Le parquet sablonneux, l'horloge vernissée,
Réglant un lourd tac-tac, à la porte placée;
Le coffre, près d'un mur de plâtre seul enduit,
Le jour servant de siége et de couche la nuit;
L'escabeau, le pétrin, sur lequel se déploie
Le très-majestueux et royal jeu de l'oie;
La Bible en parchemin, les tableaux décrépits,
Meublaient élégamment ce bachique logis.
Aux grands jours seulement, la noire cheminée
De lilas, de fenouil, de tremble était ornée;
Et sur ses bords ternis brillaient, comme ornemens,
Quelques tasses, jouets des caprices du tems.
O trompeuse splendeur! le tems eut dû sans doute

Respecter de ce toit la vacillante voûte.
Quoi! ce chaume en ruine, en retour du labeur,
N'offrira plus d'asile au fidèle buveur?
Il n'y portera plus et sa gaîté bruyante
Et l'espoir du piquet et sa soif dévorante?
Les calculs du fermier, les contes du frater,
La trompe du piqueur, l'archet du magister,
N'y viendront plus entr'eux disputer de tapage?
Le Vulcain du hameau, bras nus et tout en nage,
N'y déridera plus son visage noirci
Aux glous-glous d'un vieux pot, vrai tombeau du souci?
Non, je n'y verrai plus l'hôte daignant lui-même
Apporter de la cave avec un soin extrême
La cruche aux flancs de grès, dont le nectar fumeux
S'échappe sous ses doigts en torrens écumeux;
Ni le désir naïf de la servante blonde,
Qui, versant à pleins bords le nectar à la ronde,
Et baisant le flacon d'un air religieux,
Brûlait d'être invitée à trinquer avec eux.
Oui, que le fat méprise ou que le sot déteste
Les joyeux passe-tems d'une classe modeste;
Le plaisir où le cœur et l'esprit prennent part,
Est plus cher à mes goûts que la pompe de l'art;
Et l'ame, qui sourit à des mœurs fortunées,
Se plaît dans la nature aux fêtes spontanées,
Aux jeux improvisés par le seul enjoûment
Dont le pouvoir sur elle est l'éclair du moment.
Eux seuls, pour la distraire, endorment la pensée
Qu'une froide raison a trop souvent glacée.

LE VILLAGE ABANDONNÉ.

Mais, dans les jeux brillans consacrés à la nuit,
Dans ces tems de folie, où, l'hiver, à grand bruit,
Le citadin revêt un costume fantasque,
Où le sage du fou souvent porte le masque,
En douloureux sommeil, par la fièvre animé,
Le plaisir fatigant s'est bientôt transformé.
Oui, lorsqu'il est soumis à des jeux de commande,
Le cœur désabusé tout à coup se demande
Si c'est là le plaisir, si c'est là le bonheur.

Vous qui n'êtes point sourds à la voix de l'honneur,
Eh bien! hommes d'état, qui voyez la richesse
Centupler ses désirs dans une folle ivresse,
Lorsque le laboureur s'appauvrit à vos yeux,
C'est à vous de juger si l'homme est plus heureux,
Lorsque l'état, passant de l'abondance au faste,
Fait avec l'indigence un pénible contraste.
L'Océan, protecteur des commerçans rivaux,
S'enfle orgueilleusement sous nos riches vaisseaux :
La folie à grands cris les salue au rivage;
Leurs trésors si nombreux s'offrent à notre usage,
Que de l'avare même ils borneraient les vœux;
Mais rien ne satisfait les cœurs ambitieux.
Or, comptons le profit : cette opulence est vaine;
Elle absorbe toujours la richesse indigène.
Le calcul est précis : de l'utile indigent
Si le riche a conquis le chaume à prix d'argent,
Et l'espace où le soc nourrissait deux familles;
Si, pour construire un parc, on détruit cent charmilles;

Si l'étable, aux dépens des troupeaux nourriciers,
Soudain loge à grands frais d'inutiles coursiers,
La meute chasseresse et l'équipage leste,
L'agriculture éprouve un changement funeste.
Si, mollement couvert de vêtemens soyeux
Conquis à prix d'argent sur l'homme industrieux,
L'opulent par son faste insulte à l'humble aisance,
Transforme la chaumière en maison de plaisance,
La riche métairie en pavillon d'été,
Le laboureur sans pain meurt dans l'oisiveté.
Echangés par les dons que les cités leur vendent,
Les trésors de la terre en tous lieux se répandent.
Mais si le faste un jour s'introduit au hameau,
La ville s'appauvrit de ce luxe nouveau.
Ainsi dans son printems, la beauté, sans parure,
De l'arsenal coquet dédaignant l'imposture,
Repousse les attraits qu'elle devrait au fard,
Et ne veut rien devoir aux prestiges de l'art,
Mais au jour où l'éclat de ses charmes fragiles
S'en éloigne, moins prompt que les amans agiles,
Pour rappeler alors le soupirant ingrat,
D'un luxe auxiliaire elle emprunte l'éclat.
Telle est aussi la terre : une fausse culture
N'y force point d'abord les dons de la nature,
Mais lorsqu'à son déclin le faste la conduit,
Le pouvoir opulent l'altère, la détruit;
Contemplons devant nous !..... un château magnifique
Remplace tout à coup la cabane rustique;
Si l'œil du voyageur est un moment surpris,

Il saura que, fuyant ses agrestes pourpris,
Suivi de ses enfans qu'à regret il emmène,
Et chassé par la faim de son humble domaine,
Le villageois en deuil déserta son berceau.....
Et son palais n'est plus qu'un superbe tombeau.

Où donc résidera la pauvreté du sage
Pour éviter d'un grand l'onéreux voisinage,
Si, foulant les confins d'une propriété
Où le dieu des enclos n'est jamais insulté,
Il conduit son bercail sur ces tertres superbes
Pour à peine y brouter quelques rares brins d'herbes,
Le fils de l'opulence au villageois confus
Répond par la menace et l'insolent refus?
S'il cherche dans la ville un abri tutélaire,
Qu'y voit-il? l'abondance, et tout près la misère;
Cent mille arts destructeurs, du luxe fruits honteux,
Et les plaisirs du riche au pauvre si coûteux.
Ici, le courtisan, vêtu d'or et de soie,
S'entoure du néant que son faste déploie;
Là, le pâle artisan fait un métier malsain
Dont il se voit souvent payé par le dédain;
Plus loin, dans un palais, si le plaisir folâtre
Etablit de ses jeux le nocturne théâtre,
Que voit-il? des valets plus fiers que le seigneur,
La grandeur, l'or, l'éclat, tout.... excepté l'honneur.
Quels frais pour préparer ces superbes orgies!
Là se choquent les chars, là brillent les bougies.
Qui croirait, à l'aspect de ces pompeux tableaux

Qu'un seul être vivant ait à pleurer ses maux ?
Tournez, tournez vos yeux à la porte opulente :
Une fille des champs, sans asile, expirante,
Gémit loin du village où l'on vit autrefois
L'industrieux fuseau tourner entre ses doigts.
Elle fut au hameau dans l'aisance élevée,
Et jamais sa vertu ne s'y vit éprouvée.
Sous le chaume brillaient ses pudiques appas,
Comme la fleur d'hiver qui point sous les frimas.
Tout est perdu pour elle, amis, vertu, richesse ;
Loin du pays natal l'univers la délaisse.
Couchée au seuil muet de son vil séducteur,
Et d'un froid glacial combattant la rigueur,
Humide encor des flots d'une orageuse pluie,
Elle pleure trop tard certains jours de sa vie,
Où pour la ville infâme elle a quitté deux fois
Et sa robe de bure et ses dieux villageois.

Mais quoi ! charmant Auburn, amour de tes familles,
L'épouse du hameau, ses innocentes filles,
Vont-elles donc subir un semblable dédain ?
Conduites maintenant par le froid et la faim,
Vont-elles à Mondor tendre une main honteuse
Pour en solliciter une obole orgueilleuse ?
Non, l'homme dont les champs viennent d'être envahis
S'est élancé déjà vers ces lointains pays
Que couronnent les feux de la zône brûlante,
Où le sombre Altama roule une onde écumante.
Quel triste changement dans l'exil survenu !

LE VILLAGE ABANDONNÉ.

La terreur y succède à l'espoir ingénu ;
Ces enfans du hameau, que désormais éclaire
D'un soleil dévorant l'œil perpendiculaire,
Maudissent un désert que l'Orphée emplumé
De ses naïfs concerts n'a jamais animé.
Là, de chauves-souris une troupe hideuse
Sur les troncs desséchés s'abat silencieuse.
Là, des champs venimeux le luxe végétal
Ne livre à leurs besoins qu'un aliment fatal.
C'est là que le scorpion, dans la plante ou la feuille,
Se nourrit du poison que son dard y recueille.
C'est là que l'étranger redoute à chaque pas
D'éveiller le serpent qui sonne le trépas.
Là, le tigre en arrêt, ici, le noir sauvage,
Plus homicide encor dans sa paisible rage,
Guettent l'homme promis à leur cruel festin ;
Tandis qu'un vent fougueux, le soir et le matin,
Confondant tout à coup l'inculte paysage,
Le détruit et l'enlève au séjour de l'orage ;
Aspect bien différent du site des hameaux
Peuplés de champs féconds et de riches coteaux,
De vallons tapissés d'une mousse fleurie,
De berceaux qu'habitait la tendre rêverie ;
Lieux aimés du zéphyr, mystérieux séjour,
Qui voila si souvent les larcins de l'Amour.
Grand Dieu ! quelle journée, à leur bonheur fatale,
Les ravit aux plaisirs de la terre natale !
Contemplons ces proscrits, au plus aimable lieu
Par un dernier regard disant un long adieu....

Sur les sauvages bords de la mer Atlantique,
Ils pensent retrouver leur asile rustique;
Mais, troublés d'entreprendre un voyage lointain,
Craintifs de plus en plus sur leur frêle destin,
Chacun d'eux, en fuyant le hameau qu'il adore,
Marche, et les yeux en pleurs vers lui se tourne encore.
Le vénérable aïeul des enfans du hameau,
Gémissant le premier de ce triste tableau,
Ne rêvait, s'élançant au-delà de la tombe,
Qu'à ce monde où jamais la vertu ne succombe.
Antigone des champs, plus belle en sa douleur,
Sa fille le soutient, le presse sur son cœur,
On le suit en silence, et négligeant ses charmes,
Lui dérobe avec soin le secret de ses larmes;
Et quitte, tour-à-tour, dans ce trajet cruel,
Le bras de son amant pour le bras paternel.
Plus loin, la mère en deuil chemine la seconde,
Regrettant sa chaumière et la plaine féconde
Qui de tant de plaisirs charmèrent ses beaux ans;
Des plus tendres baisers réchauffe ses enfans,
Et couvre de ses pleurs ces jeunes insensibles,
Doublement adorés dans ces momens terribles;
Tandis qu'aux coups du sort comme aux décrets des cieux
L'époux, calme, opposant un front religieux,
Soulage la fatigue et rêve l'espérance.

O luxe! enfant maudit d'une fausse abondance,
Nous dédommages-tu de ces agriculteurs?
Tes breuvages sucrés, tes plaisirs corrupteurs,

LE VILLAGE ABANDONNÉ.

N'ont de joie un instant que pour mieux la détruire.
Les royaumes accrus par ton vénal empire
Sont fiers d'une vigueur qui dure peu de tems.
Vainement la cité se peuple d'habitans ;
C'est une masse informe, un colosse superbe,
Jusqu'au jour où tombés à la hauteur de l'herbe,
Ces murs n'offrent à l'œil du voyageur surpris
Qu'un squelette hideux entouré de débris.

Ce que déjà du luxe opère le ravage,
Du tems dominateur tient son dernier outrage ;
Déjà, même à l'instant où je rêve en ces lieux,
L'exil de la vertu vient désoler mes yeux.
Ici, dans cette rade, où la nef amarrée
Livre à des vents oisifs son enseigne azurée,
Que vois-je ? les vertus, honteuses de nos torts,
Au règne de la nuit abandonner ces bords.
Là s'éloignent de nous le labeur invincible,
Les soins hospitaliers, l'hymen chaste et paisible,
La douce piété peu terrestre en ses vœux,
La loyauté rigide et l'amour vertueux.
Et toi, ma déité, ma compagne choisie,
Nourrice des vertus, ô douce poésie !
Qui partout fuis le règne et le plaisir des sens,
Et croirais dans ce siècle avilir tes accens ;
Toi, dont l'obscure envie, en secret animée,
Enchaîne à chaque pas la noble renommée !
Docte Nymphe, que charme un sublime concert
Toi, ma honte à la ville et ma gloire au désert ;

Toi, qui fis mon bonheur et ma misère extrême,
Toi qui me trouvas pauvre et me laissas de même,
Salut! guide immortel des arts ingénieux,
Nourrice des talens, reçois mes longs adieux!
Mais en quelques pays où ton doux luth résonne,
Sur les monts de Thorno qu'un vieux cap emprisonne,
Soit au Pambamarca, soit au bord glacial,
Soit où le vent de feu souffle équinoxial;
Qu'en tous lieux triomphante, en des climats sauvages,
Dans des murs policés, sur de lointains rivages,
Ta voix persuasive, inspirant la vertu,
Chante la vérité sur le vice abattu.

LE MOUCHERON,

POEME TRADUIT DE VIRGILE [1].

SOMMAIRE

« Un vieux pasteur ayant conduit son troupeau dans un bois, au pied du mont Cithéron, s'endort près d'un ruisseau ou un reptile avait coutume de venir se rafraichir pendant les ardeurs du soleil. Ce serpent est sur le point de s'élancer sur lui et de le piquer, lorsqu'un moucheron lui donne un coup d'aiguillon dans le coin de l'œil, et le réveille : il écrase le pauvre insecte ; mais, au même instant, apercevant le reptile, il saute sur une branche d'arbre, tue son ennemi, et revient au lieu de son repos. A peine s'est-il endormi dans son étable, que le moucheron lui apparaît en songe, se plaignant de ce qu'il lui avait arraché une vie à laquelle il devait la sienne. Le lendemain, le pasteur reconnaissant élève un tombeau à l'insecte libérateur. »

A OCTAVE.

Je prélude à mes chants sur un mode léger,
Octave, et le sujet où je vais m'engager
Ressemble à ce tissu de la toile fragile,
Dont la jeune Arachné se construit un asile :
C'est un jeu de ma muse ; aussi, d'un MOUCHERON
Ce récit pastoral recevra l'humble nom.

[1] Cette traduction du *Culex* accompagne un travail philologique assez étendu que l'auteur publia en 1817. Un vol. in-18. Paris, chez Michaud jeune.

Je veux encor, je veux, dans ce tableau rustique,
Me conformer au goût, suivre la marche antique.
Loin de moi l'envieux et l'exigeant esprit
Qui blâmerait ma muse en ce modeste écrit,
Ou que de leur renom la frêle messagère
Auprès de mon héros paraisse encore légère;
Mais j'oserai pour toi des sons plus éclatans,
Lorsque j'aurai mûri, par les leçons du tems,
Les poétiques fruits de ma muse inspirée,
Eprise de ta gloire, à ton goût épurée.
Oüi, de Latone alors le fils aux blonds cheveux
Viendra, sa lyre en main, favoriser mes vœux;
Soit qu'il habite encor les lieux chers à sa mère,
Près de Xante arrosé des eaux du mont Chimère,
Soit qu'aux bois de Délos il égare ses pas;
Soit qu'enfin dans sa course il ne dédaigne pas
Le double front du Pinde et la source limpide
D'où Castalie échappe avec un flot rapide.

Nymphes du Piérus, vous, immortelles sœurs,
Applaudissez ce dieu dans vos aimables chœurs !
Toi, divine Palès, mère de l'abondance,
Toi, des humbles pasteurs la plus douce espérance;
Ah! permets, qu'embrassant ton culte plein d'attraits,
Je parcoure les monts, les champs et les forêts!
Pour toi, jeune héros, noble espoir de l'empire,
Souris, divin Octave, au projet qui m'inspire!
Je ne viens pas chanter les belliqueux hasards,
La chute des géans aux champs de Phlègre épars

Ou le centaure altier, dans sa fureur subite,
Tournant un fer sanglant contre le fier Lapithe;
Je ne te peindrai pas tout l'Orient armé,
Assiégeant d'Ericthon le palais enflammé,
Athos percé, la mer par un pont enchaînée,
Les Perses triomphans, la Grèce consternée,
Quand l'Hellespont, surpris par de nombreux guerriers,
Vit ses flots écumant sous les bonds des coursiers.
Apollon me commande : et ma muse docile
Laisse courir ses vers sur un mètre facile.
Je mesure avec art ma force à mon sujet.
Pour toi, de notre amour, ô noble et saint objet,
Tu laisseras, Octave, une illustre mémoire,
L'Olympe en ses palais accueillera ta gloire,
Lorsque d'un long bonheur auront brillé tes jours !
Mais ma muse à mon plan me rappelle, j'y cours.

Déjà l'astre éclatant à la plaine éthérée,
Secouait de son char la lumière dorée;
La fugitive Aurore, aux cheveux purpurins,
Avait chassé la nuit loin des cieux plus sereins,
Quand un pasteur, suivi de ses chèvres sauvages,
Qu'il guide de l'étable à de rians pacages,
Les conduit au sommet d'un mont (1) partout couvert
D'herbages toujours frais, d'un gazon toujours vert :
Mais les chèvres bientôt, en groupe rassemblées,
S'enfoncent dans les bois, dans le sein des vallées;

(1) Le Cithéron.

Errantes, on les voit à l'ombre se cacher
Dans les arides creux que forme le rocher,
Faire à l'herbe naissante une avide morsure,
De la vigne sauvage outrager la verdure,
Des arbrisseaux à fruits couper les rejetons,
En broyer sous leurs dents les fertiles boutons;
L'une, avancée au bord d'un gouffre inaccessible,
Déchire l'aulne tendre ou le saule flexible,
Suspendue à l'arbuste, à ses rameaux pendans,
En épuise les sucs et les jets abondans;
L'autre, vers un ruisseau trouvé sur son passage,
Se penche, et dans cette onde observe son image.

O doux sort du pasteur, si l'homme fastueux,
Qui dédaigne toujours l'indigent vertueux,
Ne vient pas étaler les dons de l'opulence,
Qu'ignore en ses désirs sa rustique innocence!
Du repos des mortels ces présens ennemis
N'agitent point ce cœur à son destin soumis.
Qu'importe si de Tyr la pourpre orientale
Teint deux fois les toisons que paya l'or d'Attale!
Il n'est point ébloui par des lambris dorés,
Que des regards jaloux ont souvent désirés ;
D'un magique tableau, d'une pierre éclatante,
Il ne reconnaît point la valeur inconstante ;
De Boëte et d'Alcon un vase gracieux,
Ou la perle indienne, est sans prix à ses yeux.
Mais l'esprit satisfait, l'ame tranquille et pure,
Il s'étend mollement sur un lit de verdure,

LE MOUCHERON.

Quand la terre, au printems, nuance mille fleurs
Sur son sein diapré des plus riches couleurs.
Maître de son destin, chaque jour de sa vie,
Ennemi de la fraude, inconnu de l'envie,
Ses lèvres d'un roseau tirent des sons joyeux;
Des pampres de Tmolus il voile ses cheveux,
Dont son sein au zéphyr abandonne les ondes;
Il exprime un lait pur de ses chèvres fécondes.
Bienfaisante Palès, il cherche tes forêts,
Tes ruisseaux, tes vallons, tes antres toujours frais!
Quel mortel fut jamais plus heureux que ce sage,
Qui des trésors trompeurs ne connaît pas l'usage!
La raison a pour lui de solides appas,
Aux jeux sanglans de Mars il ne s'élance pas;
Il craint le choc fatal d'une flotte guerrière
Et quand un fier vainqueur, tout couvert de poussière,
Dans les temples sacrés, en l'honneur de ses dieux,
Etale des vaincus les débris glorieux,
Ou déjà, méditant une vaste conquête,
Aux glaives ennemis court présenter sa tête;
Il adore les bois ce pasteur fortuné,
Et le dieu que sa faux sans art a façonné :
Ses parfums sont des fleurs, ses autels la verdure;
Il goûte un doux repos et la volupté pure;
Ses désirs sont toujours les désirs d'un cœur droit;
Plein de calme, il s'endort sous son agreste toit :
Comme de ses loisirs, de ses goûts toujours maître,
Il trouve abondamment un aliment champêtre.
Ravissante Tempé, dieux gardiens des troupeaux,

Vous, de l'hamadryade ô limpides ruisseaux!
Du poète d'Ascrée émule exempt d'envie,
Un pasteur peut chez vous couler sa douce vie.
Là, tandis qu'appuyé sur un bâton noueux,
Veillant à son bercail, le chevrier joyeux
Sur son humble roseau module un air rustique,
Le fils d'Hypérion, dans son cours plus oblique,
Divise ses rayons dans les champs éthérés,
Et sur deux océans répand ses feux sacrés.
Cependant, du pasteur les chèvres dispersées
Gagnaient rapidement, par leur guide pressées,
Les bords d'une fontaine au flot bruyant et pur,
Qui roulait sous la mousse en longs filets d'azur;
Le soleil atteignait le haut de sa carrière,
Quand le pasteur, fuyant son ardente lumière,
Pour ses troupeaux lassés cherche l'ombre en ces lieux.
De la sœur d'Apollon le bois s'offre à ses yeux;
Il s'y rend : ce fut là que, de fureur troublée,
La fille de Cadmus évita Nictylée,
Couverte encor du sang qu'avait versé son bras;
La Ménade en cet antre avait porté ses pas,
Même avant qu'à son fils elle arrachât la vie.
Le satyre malin, sur cette herbe fleurie,
Et le faune léger venaient mêler leurs jeux;
Des dryades souvent le cortége joyeux,
Des naïades en chœur suivant l'essaim folâtre,
Par leur danse animaient ce vert amphithéâtre :
Orphée, avec sa lyre, arrêta moins de tems
Les flots de l'Hèbre ému par ses divins accens,

LE MOUCHERON.

Que ces danses, ces jeux, délicieux Pénée!
Ne retinrent ton onde en sa course enchaînée.
Le murmure des eaux invitait au sommeil,
Dans cet antre où jamais ne brilla le soleil.
Près de ce doux abri, des platanes sans nombre,
S'élevant dans les airs, le couvraient de leur ombre;
Là le lothos impie, au fruit trop dangereux,
Qui d'Ulysse charma les amis malheureux,
Et leur fit oublier une chère patrie;
Les sœurs de Phaëton, dont la terre attendrie
Vit transformer les bras en longs rameaux vivans,
Etendaient sur ce mont leurs feuillages mouvans.
Du fier Démophon l'amante jeune et belle,
Qui languit et mourut de le voir infidèle;
Le prophétique chêne, oracle des autels,
Dont le gland nourrissait les antiques mortels,
Avant l'âge où Cérès, dans leur besoin extrême,
Ne leur eût présenté l'épi de Triptolème;
Le pin dont fut construit cet Argo si fameux,
Qui porta des héros sur les flots écumeux,
De leur bois hérissé décoraient ce bocage.
D'arbres, rivaux des cieux, quel superbe assemblage!
Là s'élevait le hêtre et son ombrage frais,
L'yeuse à la feuille noire et le triste cyprès;
Auprès du peuplier, le lierre qui l'embrasse,
De son frère imprudent déplorant la disgrâce
Dans leur verte pâleur montrait ses graines d'or;
Le myrte de Vénus y fleurissait encor.
Cependant les oiseaux, cachés dans le feuillage,

De leurs accords divers animent le bocage;
Là, d'une source fraîche échappe en murmurant
L'onde qui sur ses bords retombe en s'égarant :
La grenouille se plaint sous une eau limoneuse,
Et trouble des oiseaux la voix harmonieuse;
Echo rend tous les sons : sur le tertre brûlant
La cigale frémit et crie en s'envolant.
Non loin de leur pasteur, les chèvres dispersées,
Sur ces rocs verdoyans se couchèrent lassées;
Enfin, le bruit léger du feuillage mouvant
Vint alors se confondre au doux souffle du vent.

A peine le pasteur, sous la voûte d'un chêne,
Se fut-il endormi non loin de la fontaine,
Ignorant quel péril l'attend dans ce séjour,
Qu'un reptile en ce lieu, vers le milieu du jour,
Quittant son noir marais pour ces eaux verdoyantes,
Glisse et fait onduler ses écailles bruyantes :
L'air brûle autour de lui : ce serpent monstrueux
Se roule et se déroule en orbes tortueux.
Son œil lance de loin des éclairs; il se dresse;
Son corps sur le limon s'allonge avec souplesse,
Et dans sa gorge enflée il vibre un triple dard;
Des traces de venin s'offrent de toute part;
D'une crète de sang sa tête est surmontée;
Il roule dans son œil sa prunelle irritée :
A l'aspect du pasteur qui repose en ces lieux
Bientôt se repliant, il siffle, furieux,
S'agite, et s'excitant par des forces nouvelles,

LE MOUCHERON.

Va blesser le dormeur, de ses armes mortelles.
Nourrisson de la terre, un frêle moucheron
Pique à l'œil le pasteur de son vif aiguillon :
L'œil en pleurs, le vieillard s'éveille, et sa colère
D'un coup livre à la mort l'insecte tutélaire ;
Mais soudain tout son sang est glacé de terreur ;
Il a vu le reptile, il recule d'horreur,
Et d'un orme il saisit le tronçon redoutable,
Dont l'assistait d'un dieu la bonté secourable.
Etait-ce le hasard ou la faveur des cieux
Qui plaça près de lui ce débris précieux ?
Le fait est incertain ; mais ce qu'il faut en croire,
C'est qu'avec l'arme agreste il obtint la victoire.
Frappant à coups pressés le reptile écaillé,
Se débattant en vain, et de sang tout souillé,
Il lui brisa les os, d'une main vengeresse ;
De cette hydre observant la marche et la paresse
Bientôt un noble espoir fait palpiter son cœur.
Le vieillard, à ses pieds voyant, d'un œil vainqueur,
Expirer du serpent et la force et la rage,
Revint paisiblement s'étendre sous l'ombrage.

Les coursiers de la nuit, vers l'espace éthéré,
S'élancent de l'Érèbe et de l'OEta doré
Le paresseux Vesper déjà perce les ombres :
Ramenant son troupeau dans ses étables sombres,
Le pasteur fatigué s'endort, et plus heureux,
Il goûtait du sommeil le charme impérieux,
Lorsque du moucheron, à sa vue attentive,

Apparaît dans la nuit l'ombre errante et plaintive :
« Avais-je mérité, dit-il, ce triste sort?
» Tu me devais la vie, et me donnes la mort;
» Tu dors, pasteur, tu dors dans une paix profonde
» Quand du fleuve infernal je ne puis franchir l'onde,
» Quand je me vois, hélas! le captif de Caron :
» Quelle sombre lueur aux bords de l'Achéron!
» A l'horrible clarté de cent torches funèbres,
» Mégère de son fouet agite les ténèbres,
» Secouant devant moi ses reptiles sanglans :
» Cerbère ouvre déjà ses trois gosiers hurlans,
» Et son œil furieux m'annonce sa colère :
» Voilà, pasteur ingrat, voilà donc le salaire,
» Le prix que méritait ma pieuse bonté,
» Qui te sauva du dard d'un serpent irrité!
» De mes jours pour les tiens j'ai fait le sacrifice;
» Oublîrais-tu, pasteur, un si noble service?
» La justice et la foi qu'évitent les méchans,
» Ne sont-elles donc plus citoyennes des champs?
» Quoi! sans respect mon ombre errante, infortunée,
» Dans le vague des airs gémit abandonnée!
» Ah! si j'avais du moins, pour ce touchant bienfait,
» Reçu de toi, pasteur, le bien que je t'ai fait!
» Mais je suis entraîné par des dieux inflexibles
» Dans l'infernale horreur des bois inaccessibles,
» Du noir Cymmérien états silencieux,
» Où l'aspect des tourmens vient attrister mes yeux.
» Là, du barbare Othus, de ce géant difforme,
» Des chaînes de serpens pressent la taille énorme,

LE MOUCHERON.

» Etreint des mêmes fers, souffrant la même horreur,
» Ephialte son frère exhale sa fureur :
» Trop juste châtiment d'un orgueil téméraire,
» Qui voulut, mais en vain, incendier la terre.
» Tityus, que dévore un éternel vautour,
» Maudit cent fois Latone, et la haine et le jour.
» Je suis épouvanté par tes coupables ombres,
» Que du Styx pour jamais entourent les eaux sombres!
» Je vois ce vil mortel qui souilla de ses mains
» Les sacrés alimens respectés des humains :
» Il ne peut apaiser une soif indomptable.
» Plus loin, roulant un roc qu'il ne peut rendre stable,
» Le sacrilége amant d'une divinité,
» Voit un tourment sans fin punir sa vanité.
» Retirez-vous, fuyez, Danaïdes fatales,
» Dont Erinnys porta les torches nuptiales,
» Et dans le lit d'hymen dirigea les poignards!
» Voilà Médée; on voit, dans ses cruels regards,
» Qu'elle vient d'égorger, dans sa rage homicide,
» Les enfans du héros vainqueur de la Colchide.
» Philomèle, et Progné pleurant son jeune fils,
» Font redire aux échos le nom d'Itys, d'Itys,
» Qu'appelle dans les airs l'incestueux Térée,
» Joignant sa voix plaintive à leur voix éplorée;
» Autrefois en oiseau transformé par les dieux,
» Il pleure son veuvage et ses coupables feux.
» Les enfans de Cadmus, dont les mains criminelles
» Empreignirent de sang leurs armes fraternelles,
» Je les vois l'un sur l'autre épuisant leur courroux,

» D'un exécrable fer se porter mille coups.
» Hélas! il est sans fin leur supplice barbare!
» Déjà prêt à franchir les ondes du Ténare,
» J'entrevois l'Elysée et ses fleuves heureux :
» Là, d'abord j'aperçois, loin du Tartare affreux,
» Des flammes de l'amour les victimes célèbres,
» Brûlant des mêmes feux sous ces voûtes funèbres.
» De la foi conjugale exemple révéré,
» Alceste, qui sauva son époux adoré,
» Evita de leur sort l'arrêt irrésistible.
» Ici, d'un Grec rusé l'épouse incorruptible,
» Loin d'elle supposant ce prince regretté,
» Voit de vains séducteurs un essaim rebuté
» Tomber exterminé sous les flèches d'Ulysse.
» Te voilà loin d'Orphée, ô plaintive Eurydice!
» Son amour, de Pluton a violé la loi;
» Les champs élyséens le séparent de toi.
» Le téméraire! Il crut, en son erreur extrême,
» Qu'il pouvait, pour revoir la moitié de lui-même,
» De Cerbère fermer les trois gosiers hurlans,
» Franchir du Phlégéton les rivages brûlans,
» Pénétrer aisément les lieux impénétrables,
» Apaiser sans effort les trois sœurs implacables,
» Contempler ces cachots de rouille tout couverts,
» Ces palais souterrains, ces abîmes ouverts,
» Et le saint tribunal de ces demeure sombres,
» Où se jugent des morts les criminelles ombres.
» Mais la faveur du sort le fit audacieux;
» Rien n'ébranla son cœur, rien n'étonna ses yeux;

LE MOUCHERON.

» Les animaux émus par son divin délire,
» En cadence suivaient les doux sons de sa lyre;
» Ebranlés sur leur sol, les chênes, les ormeaux,
» Agitaient de plaisir leurs sensibles rameaux;
» Ses chants retentissaient dans les forêts profondes;
» Les fleuves suspendaient leurs courses vagabondes;
» L'astre, au disque changeant, par son luth enchanté,
» Arrêta ses coursiers et son char argenté :
» Oui, Phébé, pour l'entendre une nuit toute entière,
» Oublia que le monde attendait sa lumière.
» Epouse de Pluton, ce luth toujours vainqueur
» Attendrit un moment ton insensible cœur!
» Son pouvoir a forcé Proserpine propice,
» De rendre à son amour la plaintive Eurydice;
» Eurydice y consent : de l'enfer redouté,
» Prévoyant les arrêts et la sévérité,
» Suivant un tendre époux sous l'infernale voûte,
» D'un pas obéissant elle observe sa route;
» Elle se garde bien de détourner les yeux,
» De corrompre d'un mot un bienfait précieux!
» Toi seul, cruel Orphée! oui, toi seul qu'elle adore,
» Si l'arrêt est barbare, es plus barbare encore!
» Hélas! pour un baiser tu violes ta foi,
» Et trahis de Pluton l'inexorable loi!
» Noble amour, qui devais trouver les dieux sensibles,
» Et fléchir les enfers, s'ils n'étaient inflexibles.
» Mais voici non loin d'elle un essaim de héros,
» En groupes rassemblés dans ce lieu de repos;
» Les deux fils d'Eacus, fiers de leur destinée,

» Qu'ont embellis Vénus, la gloire, l'hyménée,
» Pélée et Télamon, fils d'un juge infernal,
» Entourent d'Eacus l'austère tribunal ;
» L'un s'unit à Thétis, l'autre à sa belle esclave.
» Quel est ce jeune Grec, ardent, sensible et brave?
» C'est le fils de Pélée ; il arrosa les eaux
» Du sang des Phrygiens, embrasant ses vaisseaux.

» Qui pourrait oublier la haine vengeresse
» Qui vers les murs troyens poussa toute la Grèce ;
» Le Simoïs, le Xanthe, entraînant sur leurs bords
» Les débris malheureux des mourans et des morts?
» Quand l'intrépide Hector, des rives de Pergame,
» Lançait aux Argiens et le fer et la flamme ;
» Lorsque du mont Ida tous les pins allumés,
» Eclairaient des rois grecs les vaisseaux consumés ;
» Lorsque le fier Ajax au superbe courage,
» Avec son bouclier résistait à l'orage :
» Quand le fils de Priam foudroyait sur les flots
» Le fils de Télamon, rival de ce héros,
» Redoutables tous deux, prompts comme le tonnerre,
» Qui de coups redoublés fait retentir la terre ;
» Quand le jeune Eacide, heureux triomphateur,
» Attelant un cadavre à son char destructeur,
» Aux champs de Dardanus, dans sa fureur grossière,
» Souillait un corps sanglant traîné dans la poussière.
» La haine et la vengeance irritant les esprits,
» On vit Hector vengé par le fer de Pâris.
» Là, trompant de Dolon l'insidieuse adresse,

» Transportant de Pallas l'image dans la Grèce,
» De Laërte, en ces murs, le fils astucieux
» Enlève de Rhésus les trésors précieux.
» Mais de ce roi prudent qui peindra l'infortune,
» Lorsque, triste jouet des fureurs de Neptune,
» Et loin d'Ithaque errant, ce prince malheureux,
» Vit des Ciconiens les rivages affreux,
» Aborda les écueils du Lestrigon barbare,
» Affronta Polyphème et l'aspect du Tartare;
» Enfin, persécuté sur les flots mugissans,
» De Caribe brava les monstres menaçans?
» Assis avec fierté, le plus grand des Atrides
» Apparaît à mes yeux dans ces tableaux rapides.
» Ce vainqueur d'Ilion vit errer sur les mers
» Les navires d'Argos, jouets des flots amers :
» Oui, des fiers Argiens Pergame fut vengée;
» Ils virent tout à coup leur flotte submergée.
» Le sort est inconstant; il atteint l'orgueilleux
» Jusqu'au ciel élevé par la faveur des dieux.
» Vingt peuples triomphans retournaient avec joie,
» Vers l'Aulide traînant les dépouilles de Troie;
» Le vent était propice, et les nymphes des eaux
» Sur l'humide élément dirigeaient leurs vaisseaux :
» Mais un astre malin, ou quelque sort funeste,
» Etend un voile épais sur la voûte céleste;
» La Foudre fend la nue en rapides sillons;
» Les navires, poussés par de noirs tourbillons,
» Tombent vers les écueils que ceignent Capharée,
» Vers les bords Eubéens et les roches d'Hérée;

» L'orage ensevelit, dans les flots courroucés,
» De ces rois triomphans les vaisseaux fracassés ;
» Et frappés de la foudre, au sein de la tempête,
» Ils perdirent le fruit d'une injuste conquête.

» Brillant d'un même éclat, près de ces Grecs fameux
» Sont assis des héros, des Romains généreux :
» J'aperçois Fabius et l'intrépide Horace ;
» Décius, qu'illustra sa belliqueuse audace ;
» Camille, dont le nom ne doit jamais périr ;
» Curtius, qui, jadis, glorieux de mourir,
» Pour sauver sa patrie, en un transport sublime,
» Aux regards des Romains s'élança dans l'abîme ;
» Scévola, qui, captif d'un redoutable roi,
» Sur un brasier ardent mit sa main sans effroi ;
» Le fier Flaminius se dévouant aux flammes :
» Et les deux Scipion, si chers aux grandes ames,
» Dont aux champs lybiens les rapides exploits
» Firent trembler d'horreur les murs carthaginois.
» Les Romains immortels habitent l'Elisée,
» Tandis que pour jamais mon ombre méprisée
» Sans cesse doit errer près des lacs de Pluton,
» Sans cesse contempler les feux du Phlégéton ;
» Car Minos sépara, par d'invincibles chaînes,
» L'asile des vertus et le séjour des peines.
» Condamné sans espoir à l'abîme infernal,
» Je me vois entraîné vers l'affreux tribunal,
» Sous le fouet déchirant des barbares Furies,
» Que les vœux innocens n'ont jamais attendries.

LE MOUCHERON.

« Je cours dire à Minos le sujet de ma mort;
» Que n'y peux-tu paraître, arbitre de mon sort!
» Cependant, ô pasteur! ton ame est inflexible;
» Aux cris de ma douleur serait-elle insensible?
» Du bienfait de tes jours ne te souvient-il plus?
» Le vent disperse au loin mes soupirs superflus.
» Adieu donc sans retour! Déjà ma voix plaintive
» Dans le vague de l'air s'exhale fugitive;
» Toi, pour toujours habite les pacages frais,
» Et les ruisseaux fleuris et les vastes forêts. »
Il dit, et disparaît, accablé de tristesse.

Le sensible pasteur, que ce songe intéresse,
Se réveille : la mort du frêle insecte ailé
Pèse à son cœur ému, par le remords troublé.
Son bras, aux feux du jour, malgré l'âge débile,
Ce bras qui, par tronçons, trancha l'affreux reptile,
Auprès de la fontaine et du chêne voisin,
Désigne un lieu propice à son noble dessein :
Pour construire une tombe en voûte orbiculaire,
De son bois pastoral soudain creusant la terre,
Dans un cercle tracé sur le tertre naissant,
Il réunit la glèbe avec le fer perçant.
Là vont briller l'acanthe et la rose pourprée,
Et l'humble violette et la fleur diaprée,
Et le myrthe de Sparte et le lys embaumé;
De soucis jaunissans un bouquet parfumé;
La blanche marguerite et la sombre hyacinte;
Le safran dont la terre en Cilicie est peinte;

Le laurier d'Apollon, et le frais romarin,
Qui n'attend, pour fleurir, qu'un air doux et serein.
Près du tombeau rustique il planta la sabine,
Qui de l'antique encens répand l'odeur divine;
Le lierre aux graines d'or, aux longs bras sinueux,
Qui des bords lybiens rappelle un roi fameux;
Et la verte buglose, et le pâle narcisse
Dont la propre beauté fit long-tems le supplice;
L'oléandre des prés, le pin vert et fleuri.
Des filles du printems un essaim favori
Décora, par ses soins, ce monument agreste,
Où sa douleur grava cet éloge modeste:

« Innocent Moucheron, le gardien du troupeau,
» Pour prix de son salut, t'éleva ce tombeau. »

LES
BERGERS DE VINCENNES,
ÉGLOGUE.

A Mme LA COMTESSE DE MONTMORENCY-LAVAL,

MA COUSINE.

Illustre chanoinessse, en qui sans faste brille
La haute piété d'une antique famille,
C'est pour vous, qu'en ce jour de l'église honoré,
Sur mon luth pastoral j'essaie un air sacré.

Au déclin de l'été, deux bergers de Vincenne,
Qui dans ses verts sentiers amenaient leurs troupeaux,
Se rencontrent, cherchant le frais et le repos
Au bois qui vit grandir le vénérable chêne,
Où le *saint Roi*, conduit par son cœur généreux,
Dispensait la justice à ses peuples heureux.
Là, les jeunes pasteurs, étendus sous l'ombrage,
Ensemble méditaient un mode ingénieux
Pour célébrer Louis, délices de notre âge.
Aussi bien qu'à la ville, on le fête au village :
« Si je portais au Roi ces deux jeunes agneaux,
» Que j'ornai, dit Daphnis, sous nos rians berceaux,

» De ces rubans, couleur de lys et d'innocence?
» Le cœur du bon Louis est sans tache comme eux;
» Ce modeste présent lui plairait cent fois mieux
» Que l'or intéressé qu'étale l'opulence.
» — Et moi, dit Lycidas, je veux lui présenter
» Un osier parfumé de nos pêches vermeilles,
» Et le lait épaissi qu'ont séché nos corbeilles;
» C'est un tribut des champs, il pourrait l'accepter.
» Naguère, on m'a compté que l'un de ses ancêtres,
» Henri, le Béarnais, savait apprécier
» Des enfans du hameau les offrandes champêtres;
» On sait comme il reçut son père nourricier!
» Mais pour s'acheminer vers les remparts du Louvre,
» Il est trop tard; d'ailleurs, comme ce palais s'ouvre
» A tous ceux qui, Français, l'aiment de bonne foi,
» Nous ne pourrions jamais parvenir jusqu'au Roi;
» Toute la France ira, dans ce jour d'allégresse. »

Ils s'exprimaient ainsi, quand paraît un vieillard :
En traversant le bois, il avait par hasard
Entendu ce discours, dicté par la tendresse :
« Bergers, chantez Louis ! celui qui de vous deux,
» En célébrant le saint, chantera mieux le sage,
» Pour prix de ses accords, de son naïf hommage,
» Aura, je le promets, deux bustes précieux :
» L'un, en gypse taillé, nous offre une héroïne
» Sous les traits du courage et de la piété;
» L'autre peint l'innocence, ou plutôt CAROLINE,
» Modèle de grandeur, de grâces, de bonté. »

LES BERGERS DE VINCENNES.

Du généreux vieillard le défi les enchante ;
Le juge du combat s'assied près des bergers ;
Plein d'espoir, chacun prend ses chalumeaux légers ;
Daphnis prélude enfin : la cohorte bêlante,
Accoutumée aux sons de l'agreste pipeau,
Se groupe ; et l'on dirait que le chien du troupeau
Suspend, pour l'écouter, sa garde vigilante.

DAPHNIS.

« Louis est accessible ; il visite par fois
» Les enfans de Vincenne et ces fertiles bois.
» Lorsque Louis parcourt nos routes pastorales,
» Un doux rire se peint sur ses lèvres royales ;
» Souvent, à l'un il parle, à l'autre il tend la main :
» Le cri du malheureux s'arrête à son oreille ;
» Sur les fruits de nos champs avec amour il veille,
» Et du peuple est l'ami plus que le souverain.
» A ses titres chéris que manque-t-il encore ?
» Celui qui du bonheur nous annonce l'aurore,
» N'est point un dieu, bergers, mais c'est le fils des dieux ;
» Il est sage, sensible et bienfaisant comme eux :
» Son bras éteint la foudre, et c'est lui qui naguère
» Préserva nos hameaux des fureurs de la guerre.
» Depuis six mois entiers, les orages, les vents,
» De nos jeunes guérets courbaient les flots mouvans,
» Flétrissaient les présens de Pomone incertaine,
» Entraînaient dans leur cours et l'humble serpolet,
» Et le cythise en fleurs, et l'odorant aneth :

» Nos troupeaux désertaient une fangeuse plaine :
» Aux lieux ou du saint Roi s'élevait le vieux chêne,
» Sa voix obtint du ciel un plus heureux destin :
» Aussi, le sanglier se plaira sur les ondes,
» Le dauphin rampera dans les forêts profondes,
» L'on verra fuir l'abeille aux approches du thym,
» La cigale éviter les fraîcheurs du matin,
» Et l'Océan se perdre en la Marne paisible,
» Avant que ses bienfaits me trouvent insensible.
» Jour de fête, salut! bientôt tu vas finir!
» Mais cent fois pour Louis puisses-tu revenir! »

Daphnis se tait : des pleurs inondent son visage;
Le vieux juge est ému ; les échos du bocage
De Louis ont au loin redit le nom sacré,
Et Lycidas reprend d'un accent inspiré :

LYCIDAS.

« Fils de Blanche, ô saint Roi, nous célébrons ta fête!
» Reçois nos chants d'amour, nos vœux et notre encens!
» Défenseur de la croix, du ciel noble interprète,
» Reçois nos chants d'amour, nos vœux et notre encens
» Chaste soutien des mœurs, cœur plus pur que l'albât
» Reçois nos chants d'amour, notre encens et nos vœu
» Ennemi des méchans que ton bras sut abattre,
» Ton nom sera béni de nos derniers neveux!
» Toi qui t'es illustré par des lois immortelles,
» Reçois nos chants d'amour, nos vœux et notre encens!

» Esclave du serment, terreur des infidèles,
» Reçois nos chants d'amour, nos vœux et notre encens !
» Toi qui vers les talens tends des mains bienfaitrices,
» Reçois nos chants d'amour, notre encens et nos vœux !
» Toi qui de l'indigent relèves les hospices,
» Ton nom sera béni de nos derniers neveux ! »

Il dit : et le vieillard qui vient de reconnaître
Dans l'éloge du *saint* celui du *désiré*,
Couronnant Lycidas et son hymne sacré,
Adjuge à ce pasteur la guirlande champêtre.
Mais du rival vaincu qui peindra le regret ?
Pour consoler Daphnis, le juge vénérable,
Lui promet, ciselé sur un fragment d'érable,
De l'aïeul des Bourbons l'héroïque portrait.
Le Nestor du hameau, sous son chaume, à Vincenne,
Vole chercher le prix que de bons villageois
Apportent, soutenu sur des rameaux de chêne,
Et soudain un autel s'élève dans les bois.

NOTICE SUR CAMOENS,

PAR LA BARONNE DE STAEL-HOLSTEIN.

Louis de Camoëns, le plus célèbre des poètes portugais, naquit à Lisbonne en 1517. Son père était d'une famille noble, et sa mère, de l'illustre maison de Sà. Il fit ses études à Coïmbre. Les hommes qui dirigeaient l'éducation dans cette ville n'estimaient en littérature que l'imitation des anciens. Le génie de Camoëns était inspiré par l'histoire de son pays et les mœurs de son siècle; ses poésies lyriques surtout appartiennent, comme les œuvres du Dante, de l'Arioste et du Tasse, à la littérature renouvelée par le christianisme, et à l'esprit chevaleresque, plutôt qu'à la littérature purement classique : c'est pourquoi les partisans de cette dernière, très-nombreux du tems de Camoëns, n'applaudirent point à ses premiers pas dans la carrière. Après avoir fini ses études, il revint à Lisbonne; Catherine d'Attayde, dame du palais, lui inspira l'amour le plus vif. Les passions ardentes sont souvent réunies aux grands talens naturels. La vie de Camoëns fut tour à tour consumée par ses sentimens et son génie. Il fut exilé à Santarem, à cause des querelles que lui attira son attachement pour Catherine. Là, dans sa retraite, il composa des poésies détachées qui exprimaient l'état de son ame, et l'on peut suivre le cours de son histoire par les différens genres d'impressions qui se peignent dans ses écrits.

Désespéré de sa situation, il se fit soldat, et servit dans la flotte que les Portugais envoyèrent contre les habitans de Maroc. Il composait des vers au milieu des batailles, et, tour à tour, les périls de la guerre animaient sa verve poétique, et la verve poétique exaltait son courage militaire. Il perdit son œil droit d'un coup de fusil devant Ceuta. De retour à Lisbonne, il espérait au moins que ses blessures seraient récompensées, si son talent était méconnu; mais quoiqu'il eût de doubles titres à la faveur de son gouvernement, il rencontra de grands obstacles. Les envieux ont souvent l'art de détruire un mérite par l'autre, au lieu de les relever tous deux d'un mutuel éclat. Camoëns, justement indigné de l'oubli dans lequel on le laissait, s'embarqua pour les Indes en 1553, et dit, comme Scipion, adieu à sa patrie, en protestant que ses cendres même n'y seraient point déposées. Il arriva dans l'Inde, à Goa, l'un des établissemens les plus célèbres des Portugais. Son imagination fut frappée par les exploits de ses compatriotes dans cette antique partie du monde, et bien qu'il eût à se plaindre d'eux, il se plut à consacrer leur gloire dans un poëme épique. Mais la même vivacité d'imagination qui fait les grands poètes, rend très-difficiles les ménagemens qu'exige une position dépendante. Camoëns fut révolté par les abus qui se commettaient dans l'administration des affaires de l'Inde, et il composa une satire dont le vice-roi de Goa fut si indigné, qu'il l'exila à Macao.

C'est là qu'il vécut plusieurs années, n'ayant pour toute société qu'un ciel plus magnifique encore que celui de sa patrie, et ce bel Orient, justement appelé le berceau du monde. Il y composa la *Lusiade,* et peut-être, dans une situation aussi singulière, ce poëme devrait-il être encore d'une conception plus hardie. L'expédition de Vasco de Gama dans les Indes, l'intrépidité de cette navigation qui n'avait jamais été tentée jusqu'alors, est le sujet de cet ouvrage; ce qu'on en connaît le plus généralement, c'est l'épisode d'Inès de Castro et l'apparition d'Adamastor, ce génie des tempêtes qui veut arrêter Gama lorsqu'il est prêt de doubler le cap de Bonne-Espérance. Le reste du poëme est soutenu par l'art avec lequel Camoëns a su mêler les récits de l'histoire portugaise à la splendeur de la poésie, et la dévotion chrétienne aux fables du paganisme. On lui a fait un tort de cette alliance, mais il ne nous semble pas qu'elle produise dans la *Lusiade* une impression discordante; on y sent très-bien que le christianisme est la réalité de la vie, et le paganisme la parure des fêtes, et l'on trouve une sorte de délicatesse à ne pas se servir de ce qui est saint pour les jeux du génie même. Camoëns avait d'ailleurs des motifs ingénieux pour introduire la mythologie dans son poëme. Il se plaisait à rappeler l'origine romaine des Portugais, et Mars et Vénus étaient considérés non-seulement comme les divinités tutélaires des Romains, mais aussi comme leurs ancêtres. La fable attribuant à Bacchus la première conquête de l'Inde, il était naturel de le représenter comme jaloux de l'entreprise des Portugais; néanmoins cet emploi de la mythologie, et quelques autres imitations des ouvrages classiques, nuisent, ce me semble, à l'originalité des tableaux qu'on s'attend à trouver dans un poëme où l'Inde et l'Afrique sont décrites par celui qui les a lui-même parcourues. Un Portugais devrait être moins frappé que nous des beautés de la nature du Midi; mais il y a quelque chose de si merveilleux dans les désordres comme dans les beautés des antiques parties du monde, qu'on en cherche avec avidité les détails et les bizarreries, et peut-être Camoëns s'est-il trop conformé, dans ses descriptions, à la théorie reçue des beaux-arts. La versification de la *Lusiade* a tant de charme et de pompe dans la langue originale, que non-seulement les Portugais d'un esprit cultivé, mais les gens du peuple eux-mêmes en savent par cœur plusieurs stances, et les chantent avec délices. L'unité d'intérêt de ce poëme consiste surtout dans le sentiment patriotique qui l'anime en entier. La gloire nationale des Portugais y reparaît sous toutes les formes que l'imagination peut lui donner. Il est donc naturel que les compatriotes de Camoëns l'admirent encore plus que les étrangers. Les épisodes ravissans dont la *Jérusalem* est ornée lui assurent un succès universel, et quand il serait vrai, comme l'ont prétendu quelques critiques allemands, qu'il y eût dans la *Lusiade* une couleur historique plus forte et plus vraie que dans le Tasse, les fictions du poète italien rendront toujours sa réputation plus éclatante et plus populaire (1).

Camoëns fut enfin rappelé de son exil à l'extrémité du monde ; en revenant de Goa, il fit naufrage à l'embouchure de la rivière *Méon*, en Cochinchine, et se sauva à la nage, en tenant dans sa main hors de l'eau les feuilles de son poëme, seul trésor qu'il dérobait à la mer, et dont il prenait plus de soin que de sa propre vie (2). Cette conscience de son talent est une belle chose, quand la postérité la confirme: autant la vanité sans fondement est misérable, autant est

(1) Le traducteur ne partage point l'opinion de la célèbre dame, auteur de cette notice, ou plutôt il en réfère à ce qu'elle dit plus haut sur la mythologie ou *merveilleux*, qu'elle avoue être la seule que Camoëns pût employer.

(2) On dit que César sauva ainsi ses tablettes (*libellos*), en regagnant à la nage ses vaisseaux auprès d'Alexandrie.

noble le sentiment qui vous garantit ce que vous êtes, malgré les efforts qu'on fait pour vous accabler. En débarquant sur le rivage, il commença, dans une de ses poésies lyriques, le fameux psaume des filles de Sion en exil (*super flumina Babylonis*).

Camoëns se croyait déjà de retour dans son pays natal, lorsqu'il touchait le sol de l'Inde où les Portugais étaient établis : c'est ainsi que la patrie se compose des concitoyens, de la langue, de tout ce qui rappelle les lieux où nous retrouvons les souvenirs de notre enfance. Les habitans du Midi tiennent aux objets extérieurs, ceux du Nord aux habitudes; mais tous les hommes, et surtout les poètes bannis de la contrée qui les a vus naître, suspendent, comme les femmes de Sion, leur lyre aux saules de deuil qui bordent les rives étrangères. Camoëns, de retour à Goa, y fut persécuté par un nouveau vice-roi, et retenu en prison pour dettes; cependant, quelques amis s'étant engagés pour lui, il put s'embarquer et revenir à Lisbonne en 1569, seize ans après avoir quitté l'Europe. Le roi Sébastien, à peine sorti de l'enfance, prit intérêt à Camoëns. Il accepta la dédicace de son poëme épique, et, prêt à commencer son expédition contre les Maures en Afrique, il sentit mieux qu'un autre le génie de ce poète, qui aimait comme lui les périls quand ils pouvaient conduire à la gloire ; mais on eût dit que la fatalité qui poursuivait Camoëns renversait même sa patrie pour l'écraser sous ses ruines. Le roi Sébastien fut tué devant Maroc, à la bataille d'Alcaçar, en 1578. La famille royale s'éteignit avec lui, et le Portugal perdit son indépendance. Alors toutes ressources, comme toute espérance, furent perdues pour Camoëns. Sa pauvreté était telle, que, pendant la nuit, un esclave qu'il avait ramené de l'Inde mendiait dans les rues pour fournir à sa subsistance. Dans cet état, il composa encore des chants lyriques, et les plus belles de ses pièces détachées contiennent des complaintes sur ses misères. Quel génie que celui qui peut puiser une inspiration nouvelle dans les souffrances même qui devaient faire disparaître toutes les couleurs de la poésie! Enfin le héros de la littérature portugaise, le seul dont la gloire soit à la fois nationale et européenne, périt à l'hôpital en 1579, dans la soixante-deuxième année de son âge. Quinze ans après, un monument lui fut élevé (1). Ce court intervalle sépare le plus cruel abandon des témoignages les plus éclatans d'enthousiasme (2); mais dans ces quinze années, la mort s'est placée comme médiatrice entre la jalousie de ses contemporains et leur secrète justice (3).

(1) Ce fut l'un des ancêtres du célèbre Francisco Manoël, mort tout récemment en France dans un état voisin de la misère, qui se chargea de son inhumation, et lui éleva un mausolée dans son jardin.

(2) Cependant le Tasse fit un sonnet à la gloire de Camoëns, quelque tems après la publication de la *Lusiade*, et avant celle de la *Jérusalem délivrée*. Ce sonnet, qui honore également les deux grands poètes épiques de l'Italie et du Portugal, est adressé au héros de Camoëns, Vasco de Gama, et terminé par ces vers :

    Et hor quella del colto, è buon' Luigi,
    Tant' oltre stende il glorioso volo
    Che i tuoi spalmati legni andar' menlunge.

    Und' à quelli, à cui s'alza il nostro polo,
    Et à chi ferma in contra i suoi vestigi,
    Per lui del corso tuo la fama aggiunge.

(3) La *Lusiade* a été traduite en vers castillans par Luys Gomez de Tapia, 1580, in-8°; *in octavas rimas*, par Benito Caldera Alcala, 1580, in-4°; par Henri Garcès, 1591, in-4°; en français, par du Perron de Castera (*traduction infidèle et diffuse*), 1735, 3 vol. in-12; par La Harpe

(et d'Hermilly), 1777, 2 vol. in-8° (*traduction trop froide, trop libre et sans coloris*); en italien, par C. A. Paggi, de Gênes, 1659; en anglais, par G. J. Mickle, 1776, in-4°; en latin, par Thomas de Faria, évêque de Targa, en Afrique. La traduction française de feu Millié est la plus récente, et peut-être la plus fidèle. La plus belle édition qui existe en texte seulement, est sortie des types de Firmin Didot; elle a été publiée sous les auspices d'un favori des Muses et des arts, dont le nom se rattache à la célébrité de l'Homère portugais, et seul est un éloge, M. le marquis de Souza-Botelho.

LES LUSIADES,

POËME TRADUIT DE CAMOËNS.

PREMIER CHANT.

Je chanterai les armes lusitaines
Et ses héros du globe occidental
Qui franchissant, jouets d'un sort fatal,
La Taprobane (1) et ses plages lointaines,
Qui sous un ciel, du jour riant berceau,
Nochers des mers non encor sillonnées
Ont, étouffant des guerres forcenées,
Fondé l'honneur d'un royaume nouveau.
Je chanterai, si mon art me seconde,
Ces conquérans, ces dompteurs du vieux monde
Qui, de la mort bravant la dure loi,
Vinrent, guidés par un zèle héroïque,
Dans les déserts et d'Asie et d'Afrique
Inaugurer le sceptre de la foi.

Que désormais l'on me taise l'audace
Du sage Grec et du pieux Troyen,
Les longs trajets d'un Macédonien

---

(1) L'île de Ceylan.

Et d'un Romain, vainqueur du peuple Dace!
Eh! que sont-ils auprès de ce héros,
De ce Gama dont la course rapide
Tint sous le joug d'une armée intrépide
Mars et Neptune asservis sur les flots?
Jamais les sœurs de la roche Aonide,
Par le concert de leurs célestes voix
N'ont consacré d'aussi brillans exploits.

Ah! si par moi, chastes nymphes du Tage,
Par moi, sensible à vos chants les plus doux,
L'antiquité de votre beau rivage
Fut célébrée en vers dignes de vous;
Ennoblissez les accords de ma lyre
Saisissez-moi d'un belliqueux délire!
Mon style attend un plus sublime essor:
Inspirez-moi, fertilisez ma veine,
Et qu'Apollon délaisse l'Hippocrène
Pour s'enivrer à votre coupe d'or!

Que dans mes mains la trompette sonore
Remplace enfin le rustique pipeau;
Qu'un feu divin me brûle, me dévore;
Que mon génie, armé de son flambeau,
S'élance, monte à la hauteur sacrée
Où resplendit ma patrie adorée;
Et que, pour prix de mes plus nobles vers,
Toute sa gloire occupe l'univers!

Des libertés de la Lusitanie,

CHANT I.

O vous l'honneur, vous le jeune soutien,
Dont la vertu, de cent peuples bénie,
Agrandira l'empire du chrétien;
Vous qui rendrez le Maure tributaire,
Vous, prince illustre accordé par les dieux
Pour suppléer leur pouvoir sur la terre,
Souriez-moi! vous de l'arbre du Christ
Rameau naissant, qui par degré fleurit,
Et dont je vois l'active renommée
Dans l'Orient étonner notre armée;
Vous qui, veillant au bonheur des humains
Sans abjurer le culte de la gloire,
Déposerez le fer de la victoire
Pour que la croix brille en vos nobles mains,
Souriez-moi! Quand votre adolescence
Règne aux climats où naît et meurt le jour,
Si je présage au héros que j'encense
L'Ismaëlite abattu sans retour,
Et les revers de la race exécrée
Qui du Jourdain boit l'onde révérée,
Inclinez-vous! Que votre majesté
Jusques à moi descende et me contemple!
Reconnaissant de sa bénignité,
Je porterai vos exploits dans le temple
Où sur les tems s'asseoit l'Eternité.
Oui, protégez ce poétique exemple
Que m'inspira l'amour de mon pays
Dans le récit de cent faits inouis.
Ne croyez pas qu'un salaire sordide

Soit le tribut que mon chant solennel
Attend de vous : je suis l'aigle rapide
Qui va planer sur le nid paternel.
Pour étaler des tableaux fantastiques,
Je ne vais point, dans les fables antiques,
Prendre l'éclat de mes mâles pinceaux ;
Ils sont réels nos illustres travaux.
Que Roland cède à des hauts faits sans nombre !
Que Roger cède à des guerriers nouveaux,
Dont les exploits sortent de la nuit sombre !

Homère a-t-il célébré des guerriers
Comme un Egas, un Fuas, dont la terre
A si long-tems admiré les lauriers ?
Les douze pairs de la vieille Angleterre
Et Magriço (1) n'égalent pas les preux
dont fut Gama le guide valeureux.
Si vous cherchez de Charles, roi de France,
Ou de César le berceau glorieux,
Vous l'y verrez : je consacre la lance
Du grand Alphonse, honneur de vos aïeux,
Cher aux mortels pour sa bonté suprême ;
Jean l'invincible et Jean le quatrième,
Dont le courage étonna tous les yeux,
Alphonse quatre et le troisième Alphonse,
Sont les héros qu'ici je vous annonce.
Oui, dans mes vers, je nomme les mortels

(1) De la maison de Marialva.

CHANT I.

Qui, sous le ciel où se lève l'Aurore,
Ont transporté leurs drapeaux immortels :
Un Pacheco, dont Lisbonne s'honore,
Les Almeyde, Albukerque le fort,
Enfin Castro, ce fier vainqueur du sort.

Ma muse, un jour, osera, plus sublime,
Dire aux vieux tems votre ardeur magnanime;
Mais je suis pris d'un sublime transport
Et, préludant aux grandes aventures
Que je confie aux nations futures,
Je vais passer, génie impatient,
Des mers d'Afrique aux plages d'Orient.
Voici bientôt le Maure hyperborée,
Fuyant au loin son aride contrée!
C'est peu : voilà Thétis, dont les vaisseaux
Vont sillonnant la ceinture azurée,
Dominateurs de l'empire des eaux !
Enfin, voici le palais olympique
Où sont groupés vos ancêtres vaillans,
Cortége illustre, auguste et catholique,
Tous apparus dans les combats sanglans.
Sur le vieux sol, témoin de la victoire,
J'ai consacré leur mémorable histoire :
Je vais chanter : un jour, prince charmant,
Soumis aux vœux de votre ame aguerrie,
J'élèverai le pompeux monument
Que vous devra Lisbonne, ma patrie :
Ce grand honneur ne saurait vous manquer;

Mais jusqu'alors, propice à mon génie,
Suivez les preux de la Lusitanie,
Et, comme un Dieu, laissez-vous invoquer !

Sur l'Océan, la flotte Lusitaine
Déjà voguait, et les flots écumeux
Portaient au loin, sur la mobile plaine,
Les fiers vaisseaux des Portugais fameux :
Ils s'avançaient, sous la rame agitée,
Sur cet empire où tient sa cour Prothée;
Lorsque les dieux, dans leur palais d'azur,
D'où l'univers reçoit leurs lois constantes,
Tinrent conseil sur le destin futur
Des nations de l'aurore habitantes.
Là, sous Mercure, au nom de l'immortel,
Courent les dieux, par la route lactée,
Se réunir à la voix redoutée;
Ils vont foulant le cristal de ce ciel
Que porte Atlas sous sa tête voûtée;
Et des sept cieux quittant l'immensité
Où l'air, la terre et le flot agité
Sont gouvernés par leurs lois éternelles,
Les dieux du Nord et les gardiens fidèles
Des champs où dort le soleil engourdi,
Ont accouru sur les traces nouvelles
Des dieux de l'est et des dieux du midi.
Là resplendit, en sa grandeur sévère,
Le dieu tonnant, sur un trône étoilé;
Un doux parfum, par sa bouche exhalé,

CHANT I.

Révèle en lui l'impérieuse haleine
Qui donne l'ame à la nature humaine;
Le diamant n'est pas plus radieux
Que la couronne, au loin étincelante,
Et que le sceptre, à la tête brillante,
Du souverain des hommes et des dieux.
Selon leurs rangs, sous lui, les dieux s'assemblent
Sous des lambris et de perles et d'or;
Alors, sa voix prenant son vaste essor,
Jupiter parle, et tous les mondes tremblent:
« De l'Empyrée éternels habitans,
» Si les guerriers de la Lusitanie
» Vous ont surpris par leurs faits éclatans,
» Si vous avez admiré leur génie,
» Vous le voyez, la gloire des vieux tems,
» Sous leurs exploits, s'effacera ternie
» Malgré du sort les arrêts inconstans :
» Rappelez-vous avec quel avantage,
» Bien moins nombreux que leurs fiers ennemis,
» Ils ont chassé les Maures insoumis
» Des riches bords où serpente le Tage !
» L'appui du ciel les fit, jusqu'à ce jour,
» Des Castillans, terrassés tour-à-tour,
» Fouler aux pieds les ligues étouffées,
» Et, dès long-tems, leur trône avec amour
» Rit à l'éclat des plus brillans trophées.
» D'un Viriate, horreur du nom romain,
» Dirai-je ici le pouvoir plus qu'humain ?
» Dirai-je encor l'immense renommée;

» Du grand proscrit qui, guidant une armée,
» Du fier Sylla vengea le sang des rois?
» Sur une mer indocile à leurs lois,
» Plus de grandeur en ce jour les inspire;
» Ils vont bravant, sur un fragile bois,
» Les tourbillons de l'orageux empire;
» Peu satisfaits, quand l'essaim de leurs mâts
» S'est promené sous ces ardens climats
» Que le soleil semblait leur interdire,
» Ils vont chercher, sans crainte et sans secours,
» Le point du globe où naît l'astre des jours.
» L'arrêt du sort, cet arrêt infaillible,
» Veut que Lusus admire ses enfans,
» Dominateurs d'un océan terrible,
» Transplanter là leurs drapeaux triomphans.
» Durant l'hiver, sur les flancs de Neptune,
» Vogua leur flotte au gré de la fortune.
» Enfans du ciel, favorisez leurs vœux,
» Vers l'orient voyagez avec eux!
» Par nul péril, en cette traversée,
» Vous n'avez vu leur constance lassée;
» Ils ont bravé les horreurs du trépas;
» Protégez-les au milieu des combats!
» Je veux qu'aux bords de la funeste Afrique
» De prompts secours adoucissent leurs maux;
» Et que Gama, réparant ses vaisseaux,
» Puisse accomplir son voyage héroïque. »

Quand Jupiter leur eut tonné ces mots,

CHANT I.

En divers sens les dieux se partagèrent :
Ces immortels diversement jugèrent
Le fier projet conçu par nos héros ;
Bacchus blâma leur valeur insensée :
Il redoutait qu'aux champs orientaux,
A leur aspect, sa splendeur éclipsée
Eût à rougir de vulgaires travaux.
Il lut, dit-on, au livre faditique,
Que de l'Espagne un peuple de soldats
S'élancerait sur les ondes d'Atlas,
Pour subjuguer la péninsule Indique,
Où le premier ce dieu porta ses pas.
Il craint de voir l'éclat de ses conquêtes,
De qui Nysa célèbre encor les fêtes,
Etre obscurci par ces navigateurs.
Il se souvient que les fils du Parnasse
De ses exploits ont oublié l'audace
Dans le récit de leurs livres flatteurs ;
De cet honneur privé par la fortune,
Il craint de voir les braves Portugais
S'approprier l'empire de Neptune,
Et consacrer l'oubli de ses hauts faits.
Mais des amours la séduisante reine
Combat soudain les raisons de Bacchus :
Vénus chérit la race lusitaine :
Dans les enfans de l'antique Lusus
Elle retrouve un peuple noble et libre
Qui l'adorait dans la cité du Tibre.
La Tintigane atteste leurs exploits,

Ils l'ont conquise aux Romains d'autrefois :
Vénus retrouve en leur langue sonore
Celle qu'à Rome on parlait au vieux tems;
Et le motif qui l'émeut plus encore
Est dans l'espoir d'un peuple qui l'adore,
Et dont partout les succès immortels
Enrichiront son culte et ses autels;

Ainsi Bacchus et la mère des Grâces,
L'un, redoutant d'éternelles disgrâces,
L'autre, jaloux de régner en tous lieux,
A deux partis ont décidé les dieux;
Et les avis se partagent entre eux.
Dans leur fureur quand Auster et Borée
Vont mugissant dans les bois consternés,
Le chaste sein de la fertile Rhée
Est tout couvert des troncs déracinés,
Ce bruit affreux meut la plaine éthérée;
Le roc s'ébranle et ses flancs tortueux
Ont retenti d'échos tumultueux.
Ainsi l'Olympe, à la discorde en proie,
Du cri confus qui partout se déploie,
Redit au loin l'essor impétueux.
Mars qui soutient l'amoureuse déesse,
Soit qu'il n'ait point oublié sa tendresse
Pour la beauté; soit que des Lusitains
L'esprit galant, les belliqueux destins
Eussent charmé ce dieu qui tient le glaive;
Mars tout à coup de son siége se lève

CHANT I.

Plein de courroux, et d'un geste guerrier,
Devers son dos jetant son bouclier,
Pour haranguer la céleste famille,
Soulève un casque où le diamant brille.
A Jupiter, pour donner son avis,
Le dieu s'adresse, et du bout de sa lance
Qui devant lui tombe avec violence,
Du vaste Olympe il frappe le parvis;
Phébus trembla; le ciel vit sur sa tête
Pâlir les feux dont il est couronné;
Et de sa voix, semblable à la tempête,
Mars animant l'organe forcené :
« Père des dieux et de la race humaine,
» Toi qui régis cet immense univers,
» Ne maudis point la flotte lusitaine,
» Des Portugais les exploits te sont chers.
» Ne souffre pas qu'explorateur du monde,
» Quand tout les guide aux limites de l'onde,
» Ils soient l'objet d'injurieux discours,
» Et de l'envie arrête ici le cours.
» Bacchus jaloux, dans l'ardeur qui l'anime,
» Protégerait ce peuple magnanime,
» Fils de Lusus, dont il était l'ami.
» Dis-moi? faut-il que ta grandeur épouse
» Le vil transport d'une haine jalouse?
» Des grands exploits serais-tu l'ennemi?
» Non : loin de toi des vœux qui t'asservissent
» Aux passions dont les excès ravissent
» A la vertu son salaire divin!

» Ta volonté soit l'arrêt du destin!
» Qu'un seul retard te paraisse une insulte!
» Jupiter, parle! et que ton messager,
» Comme les vents invisible et léger,
» S'élance au loin sur un rivage inculte!
» Là, favorable aux Lusitains vaillans
» Qu'il leur désigne et les climats brillans,
» Et le chemin de cette Inde enflammée,
» Où la valeur guide leur renommée,
» Loin des écueils, vers des bords opulens. »

Quand eut parlé l'oracle de la guerre,
L'Olympien courba son front austère,
Signe certain que son désir sacré
Fut au dieu Mars par lui-même inspiré.
Alors les dieux sous la céleste voûte
De leurs états vont reprenant la route.
Le dieu guerrier remonte sur son char,
Et Jupiter, que chacun d'eux redoute,
Sur eux épanche un torrent de nectar.

Durant qu'au ciel, foyer de toute vie,
Des immortels se tient le grand conseil,
Les Portugais sur la mer assoupie
Voguent, rasant près des feux du soleil,
Madagascar, sœur de l'Ethiopie:
De l'astre-dieu le disque plus vermeil
Et moins brûlant touchait ces dieux timides
Qu'en habitans des campagnes liquides

A transformé l'audacieux Typhon;
L'air était pur, et serein l'horizon :
L'on sentait même au soufle de Zéphire
Qu'il émanait du radieux empire.
Du vieux Prazo le cap dominateur
Fuyait au loin, quand de nouvelles îles,
Apparaissant sur les vagues tranquilles,
Charment soudain l'œil du navigateur.
Gama rêvant d'illustres découvertes,
Voulait d'abord ne s'y point arrêter,
Comme à sa vue elles semblent désertes,
Dans son trajet il doit les éviter;
Mais autrement le destin en décide.
De ces îlots, fils de l'Océanide,
Le plus voisin a lancé des bateaux
Qui vers sa flotte ont sillonné les eaux.
Pour nos héros, signe d'heureux présage,
L'œil s'est tourné vers ces esquifs nouveaux,
Bientôt la joie est dans tout l'équipage.
Et l'on se dit : « Quels sont donc ces humains?
» Connaissent-ils des lois et des monarques?
» Ont-ils des mœurs comme les Lusitains? »
En longs canots sont construites leurs barques;
Le fin tissu de leurs voiles d'azur
Du vert palmier imitent le feuillage;
Leur coloris est du noir le plus pur;
Oui, des colons de ce lointain rivage
Le teint sévère a le cachet obscur
Des régions par Phaëton brûlées,

Quand il perdit ses épaules ailées,
Sur l'Eridan de sa chute effrayé.
Leur vêtement est d'un tissu rayé
Simple et semé de taches différentes,
Jusqu'aux genoux des robes ondoyantes
Servent d'ombrage à leurs corps demi-nus;
Le turban plaît à leurs fronts chevelus;
Ce n'est pas tout, des dagues sont leurs armes;
Et ces colons naviguent sur les flots
Au son du cor! Spectateurs sans alarmes
Tels étonnés en parlaient nos héros;
Quand les colons manifestant leur joie,
Et pour montrer qu'ils naviguent vers eux,
Froissent en l'air des étoffes de soie,
De l'amitié signal ingénieux!
Vers l'insulaire et la plage inconnue
Soudain la proue a tourné sans effort:
A la manœuvre on court avec transport,
Comme si l'heure était enfin venue
De l'Inde heureuse à l'instant reconnue.
Sur les vaisseaux se courbe lentement
Le roi des mâts; les voiles sont baissées;
L'ancre déjà sur le roc écumant
A fait jaillir les vagues repoussées.
Quand les vaisseaux furent captifs, soudain
Montent à bord les joyeux insulaires;
Avec bonté ces colons tutélaires
Sont accueillis par le chef lusitain.
Il fait dresser une superbe table,

CHANT I.

Où de Bacchus la liqueur délectable
Coule à longs flots dans un brillant cristal
Qu'a façonné le luxe occidental.
Rien n'est omis pour charmer, pour séduire
Les noirs enfans de ce brûlant empire;
Et, cependant qu'un festin des plus gais
Flatte leurs vœux, ces colons de la plage,
En langue arabe aux guerriers portugais
Ont demandé quel singulier rivage
Est leur patrie, et dans quels lieux ils vont?
Naïvement l'un des guerriers répond :
« Nous sommes nés dans la Lusitanie,
» Vers l'occident, et nous allons chercher
» de l'Orient l'immense colonie,
» Que le destin veut en vain nous cacher.
» Nous avons vu les déserts de l'Afrique,
» Et navigué sans craindre les dangers,
» La vaste mer, cette vierge Atlantique,
» Qui va grondant jusqu'au pôle antarctique;
» Nous avons vu, sur nos vaisseaux légers,
» Des cieux nouveaux et des terres nouvelles.
» L'honneur guida nos pavillons fidèles,
» Et, pour l'amour d'un monarque puissant,
» Qui, vers le Gange, en ce jour nous envoie,
» L'on nous verrait affronter avec joie
» Du dieu des mers l'empire mugissant,
» L'Achéron même au gouffre assoupissant.
» Sa volonté nous montre au loin la rive
» Où va l'Indus rouler son onde active;

» C'est par son ordre, et pour remplir ses vœux,
» Que nous domptons, sur des mers éloignées,
» Et mille écueils, et d'âpres destinées,
» Et les périls d'un trajet orageux.
» Or, à présent, vous savez qui nous sommes,
» Apprenez-nous à quelle race d'hommes
» S'est confié le guerrier portugais,
» Et si de l'Inde, où tend notre voyage,
» Vous connaissez le merveilleux rivage? »

« Sur cette plage exilés par le sort,
» A repondu l'un des fiers insulaires,
» Contemple en nous de pauvres tributaires;
» De Mahomet, inconnu sur ce bord,
» Servant l'autel et respectant le culte
» Chez l'habitant de cette terre inculte.
» L'ignores-tu? notre religion
» A parcouru l'immense région
» Du monde entier, son antique théâtre,
» Et notre amour, en naissant, nous soumet
» Aux saintes lois du fameux Mahomet,
» Né d'une juive et d'un père idolâtre.
» Cet humble îlot, voisin des flots d'azur,
» Contre l'orage est un asile sûr
» Pour nous, marchands, qui fréquentons Neptune,
» Et Quilloa, comptoir de la fortune,
» Et Montbassa, riche en produits divers,
» Et Solfala, vaste entrepôt des mers.
» Nous habitons cette île de l'Afrique

» Qui, dès long-tems, s'appelle Mozambique,
» Et, sur ces bords, notre peuple colon
» Vit dans le calme, et commerce sans peine,
» Corps séparé de la race indigène.
» Vous qui vers nous, sans craindre l'aquilon,
» Navigateurs sous un ciel sans étoiles,
» Cherchez l'Hydaspe et les champs du soleil,
» Si vous voulez suivre notre conseil,
» Sur ce rivage il faut plier vos voiles,
» Et de vos nefs, dépouillant l'appareil
» Vous reposer d'un trajet difficile;
» Guerriers, bientôt un pilote docile,
» Pour seconder un zèle impatient,
» Vous guidera vers le riche Orient;
» Là, dans sa cour, le plus doux des monarques.
» De sa bonté vous donnant mille marques,
» Vous charmera par son accueil riant. »

Ainsi disait l'habitant de cette île :
Gama sourit à ses discours naïfs;
Et l'insulaire a, sur sa barque agile,
Rejoint les siens sur la plage attentifs.
En ce moment, l'astre éclatant du monde
Plonge son char dans les gouffres de l'onde,
Déjà sa sœur éclaire l'univers.
Toute la nuit la flotte lusitaine
Au doux espoir se livra sur les mers;
Le Portugais, sur la plage lointaine,
Connaît enfin une route certaine

Pour pénétrer aux indiens climats;
Et les guerriers, assis au pied des mâts,
Ont médité sur les destins du Maure,
Son vieux exil aux bords de l'Océan,
Et les progrès du culte musulman
Qui brille même aux portes de l'Aurore.

Phébé déjà, sur les flots agités,
Lançait au loin ses rayons argentés;
Le ciel, semé d'innombrables étoiles,
Semblait un champ de fleurs tout émaillé;
Les vents dormaient; mais, penché sur ses voiles,
L'actif nocher se tenait éveillé.
Le jour paraît, et la vermeille Aurore
Vient annoncer le fils d'Hyspérion.
Sur les vaisseaux à l'instant on arbore
Du Portugal le sacré pavillon;
Il est orné de banderolles peintes,
Et sur le pont des flottantes enceintes,
Pour recevoir l'africain gouverneur,
D'un grand festin l'on apprête l'honneur.
Ce chef colon crut voir la horde impie
Qui récemment fuyant la mer Caspie,
Et s'avançant à la voix du destin
Eut le projet, en conquérant l'Asie,
De détrôner les fils de Constantin.
Gama l'aborde avec reconnaissance,
Et, non moins fier de montrer sa puissance,
Lui fait présent de tissus précieux,

De riches draps et de laine et de soie,
Qu'aux yeux du Maure à dessein il déploie;
De l'Occident les fruits délicieux,
Et la liqueur et brûlante et sucrée,
Onde vitale, en cette île ignorée.
Avec plaisir le Maure complaisant
Semble accueillir l'un et l'autre présent.
Les Portugais observent en silence,
Etudiant le goût, l'air singulier,
Et le langage, et l'inexpérience,
Et le maintien du peuple hospitalier.
Non moins surpris, le Mauritain contemple
Les vêtemens et les divers tissus
Dont sont parés les enfans de Lusus,
Et leurs vaisseaux, des mers superbes temples.
Il interroge avec vivacité
Sur ces objets, dont l'aspect le contente,
Et des guerriers le chef, avec bonté,
De son désir a satisfait l'attente.
Le Maure, enfin, veut des livres pieux
Examiner la forme et la merveille,
Pour s'assurer, d'un coup d'œil curieux,
Si leur croyance à la sienne est pareille.
Il veut tout voir, il veut tout observer,
Il brûle aussi de manier leurs armes.
Du fier Gama les guerriers sans alarmes
De ce plaisir n'oseront le priver.
L'heureux Vasco, de leur langue natale
Jadis a fait l'étude orientale,

Et lui répond : « L'honneur m'en fait la loi,
» Je vais te dire, ô noble chef du Maure!
» Et qui je suis, et quels autels j'adore;
» Quel est mon prince, et quelle arme est à moi :
» Je ne sors point de chez le Turc barbare,
» Ni de ces bords dont la mer te sépare;
» L'antique Europe est mon berceau guerrier;
» Je cherche l'Inde et son île féconde;
» Ce grand projet me fit m'expatrier.
» Quant à mon culte, il appartient au monde,
» Qu'un dieu mourant jadis a fait chrétien;
» Du Portugal le monarque est le mien.
» Comme le Christ, son amour me seconde;
» Mais je n'ai point apporté vers ce lieu
» Le livre saint dicté par l'Homme-Dieu.
» Dans un écrit ai-je besoin de lire
» Le zèle ardent que son culte m'inspire?
» Si tu veux voir les armes qu'à ma voix
» Le Lusitain saisit dans sa vengeance,
» Tu les verras : mais vois-les en ami,
» Mais avec nous reste d'intelligence
» Pour ne jamais les voir comme ennemi. ».

Gama disait : aux officiers d'un geste
Il a fait signe, et l'arsenal, funeste
A qui voudrait attaquer mes héros,
Est apporté : ce sont des javelots,
Ce sont des dards aux sommités tortues,
Des boucliers peints de riches couleurs,

CHANT I.

Des arcs mouvans et ciselés de fleurs,
D'amples carquois et des lances pointues,
De longs mousquets et des corsets d'airain,
Trésor guerrier du peuple lusitain.
Là, sont aussi des bombes destructives
Qui, dans les airs se courbant fugitives,
Vont sur le sol se rompre avec fracas,
Et les tessons qui vomissent le souffre
Avec la mort : Vasco ne consent pas
Qu'aux yeux du Maure ils tombent en éclats
Sur l'Océan et son paisible gouffre.
Les Lusitains sont fiers, mais généreux ;
Leur caractère, enclin à la noblesse,
Veut que la force épargne la faiblesse.
Ainsi, jamais le roi des animaux
Ne va rugir près des bêlans troupeaux.
D'un œil jaloux le Maure a vu ces armes :
Mais dans son ame il sait dissimuler
Sa sombre haine et ses promptes alarmes ;
Sous un air faux il prétend se voiler.
De sa fureur d'abord il se rend maître
Jusqu'à montrer un œil affable et doux,
Se réservant de faire un jour connaître
Que ce spectacle alluma son courroux.
Bientôt Gama lui demande un pilote
Habile et sûr pour diriger sa flotte ;
Le prix suivra ce généreux effort.
Le Maure fourbe y consent avec joie,
Ne doutant pas qu'à sa vengeance en proie,

Avec ce guide ils recevront la mort.

Ainsi naquit cette haine effrenée
De l'insulaire, à l'instant qu'il apprit
Que de nos preux la race fortunée,
Dès le berceau, suivait la loi du Christ.
O du Très-Haut décrets impénétrables!
Pourquoi faut-il que ses fils misérables
Trouvent partout des ennemis nouveaux?
Avec sa suite il quittait nos vaisseaux,
Ce Maure fourbe, et voilà qu'il affecte,
En s'éloignant, des signes d'amitié,
Impatient de prouver qu'il respecte
Ces Lusitains dont il s'est méfié.
Il part: déjà sur sa nef fugitive,
Qui de son île embrasse le trajet,
Avec les siens il a touché la rive,
Et s'est enfui, méditant son projet.

L'antique dieu, qu'à Nyza l'on adore,
Avec dépit a vu, du haut des cieux,
De nos guerriers le chef audacieux:
Il le contemple, et lit au cœur du Maure.
Puis, observant que les fiers passagers
Sont en horreur sur ces bords étrangers,
Il a tramé le complot de leur perte,
Et sur la mer, par les preux découverte,
Bacchus s'indigne et se parle en ces mots:
« Il est donc vrai que ces obscurs héros

» Dans l'Orient connaîtront la victoire?
» Et moi, qui suis le fils de Jupiter,
» Moi, conquérant de l'indienne mer,
» Je souffrirais qu'on éclipsât ma gloire?
» C'est bien assez qu'Alexandre, autrefois,
» Au roi de l'Inde ait imposé des lois;
» Faut-il encor qu'à la voix d'un seul homme,
» D'Européens ce ramas insolent
» Ose égaler, sous ce climat brûlant,
» Et les enfans de la superbe Rome,
» Et moi?... Non, non; qu'il n'en soit pas ainsi!
» De mille traits que le ciel obscurci
» Arrête enfin, dans cette île fatale,
» Leurs corps promis à l'onde orientale?
» Je descendrai dans ces sauvages lieux;
» Je soufflerai la fureur chez les Maures,
» Et, rassemblés à mes accens sonores,
» Ils détruiront ces chrétiens orgueilleux.

Bacchus a dit, et sa rage insensée
Le fait descendre au rivage africain :
Vers le Prazo sa marche s'est pressée.
Là, revêtant l'air et le geste humain
D'un vieillard maure, ami du gouverneur,
Et vu pour sage en l'île Mozambique,
Il prend les traits et la démarche antique.
Là, de ce chef pour réveiller l'honneur,
Il choisit l'heure à sa fourbe propice,
Où rien ne peut tromper son artifice.

A l'insulaire il peint les Portugais
Comme une engeance accoutumée aux crimes,
Guerriers venus, sous une ombre de paix,
Pour ravager ses plages maritimes,
Et signaler leurs coupables hauts faits.
« Connais, dit-il, ces chrétiens infidèles,
» Noble Africain; déjà plusieurs pays,
» Nos bords voisins, soumis à ces rebelles,
» Ont éprouvé des excès inouis.
» Depuis long-tems en secret ils méditent
» Sur ces déserts, que nos vertus habitent,
» L'affreux complot de nous exterminer;
» Dans leur patrie ils veulent entraîner
» Notre humble race, et nos femmes captives:
» Bientôt leur chef descendra sur ces rives,
» Accompagné de ses lâches soldats.
» Arme à l'instant tes sujets intrépides!
» Toujours la crainte assiége les perfides;
» Cours, dans un lieu qu'ils ne soupçonnent pas,
» Leur tendre un piége où sans défense ils tombent,
» Et qu'à la fois tous ces guerriers succombent
» Sous les efforts de ta mâle vertu;
» Et si ce peuple enfin n'est abattu,
» Espère encore! Un moyen s'est offert,
» Sûr et facile, et par moi découvert.
» Présente-leur un funeste pilote
» Qui semblera se dévouer pour eux;
» Sur des écueils il conduira leur flotte,
» Et le naufrage aura servi tes vœux! »

Au faux vieillard, qu'en silence il écoute,
Le Mauritain a promis d'obéir;
Depuis long-tems il rêve de trahir
Ces Lusitains, qu'en secret il redoute.
Le Maure embrasse à l'instant le vieillard,
Qui lui sourit, l'exhorte; et sans retard
Ce vil esclave a médité la guerre.
Soudain il cherche un nocher qu'il espère
Déterminer à cet affreux dessein :
Il a trouvé ce pilote assassin
En peu de tems; ce nocher mercenaire
Doit engloutir dans l'abîme des flots,
Sur les écueils d'un détroit solitaire,
Et nos guerriers et leurs fiers matelots.

Déjà Phébus illuminait la cime
Des monts Nabaths, chers aux navigateurs;
Des Portugais l'amiral magnanime,
Dans ses vaisseaux, mobiles conducteurs,
Veut qu'on transporte une onde pure et saine,
Utile à tous dans sa course incertaine.
Avec le soin qu'inspirent les dangers,
De leurs vaisseaux les Lusitains descendent,
Puis à la hâte à leur poste ils se rendent.
Un sort heureux veut que ces étrangers
Aient pressenti les piéges qui se tendent
Contre leur vie et celle du guerrier,
Pour eux, des mers superbe aventurier.

Lorsque Gama, pour réclamer le guide

Qui fut promis à son trajet timide,
Eut député deux guerriers de son bord,
Un bruit sinistre éclate dans le port;
Les Portugais soudain courent aux armes.
Instruit soudain par de justes alarmes,
Gama prélude au signal des combats.
Sur trois vaisseaux disposant ses soldats,
Vers le rivage, où son regard s'élance,
Il vole, ardent d'affronter le trépas;
La sûreté dicta sa méfiance:
Les matelots rament de tous leurs bras.
Il voit le Maure, armé d'une zagaie,
Dard tout empreint d'un suc empoisonné,
Dard menaçant vers sa flotte tourné;
Mais ce spectacle a-t-il rien qui l'effraie?
Non; sans délai des colons imprudens
Il va punir l'imposture sauvage.
L'essaim perfide en vain montre ses dents
Comme le chien que fait hurler la rage.
Déjà Vasco s'apprête à débarquer:
De leur tanière il va les débusquer,
Frapper les uns qui se cachent dans l'ombre,
Et terrasser les autres, dont le nombre
Semble à l'instant grossir pour l'attaquer.
Mais il s'avance, et vers le bord stérile
Les Mauritains ont accouru par mille,
Lui présentant le dos d'un bouclier.
Alors nos preux s'élancent tous à terre
D'un tel essor, que l'on ne saurait guère

Dire lequel y toucha le premier.
Au loin déjà s'allument et résonnent
Sur leurs vaisseaux les machines d'airain;
D'un pareil bruit les rivages s'étonnent,
Et de la mer gémit le souverain.
Déjà l'air siffle; et sur le Maure impie
Un plomb mortel tombe comme la pluie;
Le Maure fuit, exhalant sa fureur:
L'écho redit ce cri de la terreur.
Les assaillans, et ceux que l'artifice
Tenait cachés dans un lointain propice,
Tout disparaît : un rapide trépas
Précède ou suit la lenteur de leurs pas.
Tels en nos jeux où la force préside,
Si dans l'arène un amant intrépide
Court sous les yeux de sa noble beauté
Vers le taureau, furieux, indompté;
D'abord sa lance aiguillonne la rage
De l'animal, par ses coups tourmenté,
Et de ses cris sans cesse épouvanté;
Puis, redoublant d'ardeur et de courage,
Il frappe et fuit, harcelle son rival;
Alors mugit le terrible animal,
Qui sent déjà ses forces terrassées,
Et, l'atteignant de ses cornes baissées,
Au téméraire il porte un coup fatal.
Des Portugais la vaillance est active;
De leur victoire ils poursuivent le cours,
Et vers la ville, ouverte et sans secours,

Volent déjà de l'une et l'autre rive.
Leur vieux rempart aux flammes est livré;
Et le tranchant du glaive inexorable
N'épargne pas l'insulaire éxécrable
Que le succès a d'avance enivré;
Déjà deux fois s'est repenti le Maure,
Déconcerté dans ses vœux assassins;
Et cependant qu'en secret il abhore
Le fruit sanglant de ses lâches desseins,
Il vibre encor sa flèche empoisonnée,
Et, franchissant le sein des flots amers,
Il va, fuyant son île abandonnée,
Du continent gravir les rocs déserts.
De fugitifs les barques sont chargées,
Qui tour à tour chavirent submergées,
Tandis que ceux qui nagent sans repos
Vont dans l'abîme expier leurs complots.
Pour se venger de tant de perfidies,
Les Lusitains, de vengeance animés,
Sur leurs canots, leurs faibles Almadies
Lancent au loin des globes enflammés.
Vainqueurs enfin d'une obscure insolence,
Et tout chargés des trésors des vaincus,
Dans leurs vaisseaux sont rentrés en silence
Les fiers enfans de l'antique Lusus.

Ils sont vaiqueurs; mais la race africaine,
Contre Gama sent redoubler sa haine
Dans la défaite, et le vaincu soumis

CHANT I.

Songe à trahir ses vaillans ennemis.
Le gouverneur de ce peuple faussaire,
Sollicitant une paix nécessaire,
Du repentir simulant l'abandon,
Dans un message implore son pardon.
Le fier Gama dont l'ame est accessible,
A cet aveu cesse d'être insensible,
Et pour porter des paroles de paix
Le Mauritain députe aux Portugais
Le nautonnier qui peut seul sur ces ondes
Les diriger vers les Indes fécondes.
Alors pressé des plus nobles désirs,
Et commandé par les plus doux zéphirs,
Gama poursuit le cours de son voyage
Sans redouter son insulaire ôtage.
Du Portugal le facile habitant
Se sent ému d'une naïve joie;
La voile au ciel sous les vents se déploie :
Le roi des mâts se relève à l'instant;
La flotte part : les filles de Nérée
Sortant du sein de la mer azurée
Pour seconder leurs voyages nouveaux,
Comme en triomphe escortent les vaisseaux.

Mais sur la mer quand s'avance la flotte,
L'heureux Gama debout près du pilote
Dans le trajet l'interroge avec soin,
Lui demandant si l'Inde n'est pas loin :
Il veut aussi connaître quels rivages,

Quels durs écueils, quelles côtes sauvages
Il faut franchir; le Maure astucieux,
Profondément versé dans l'imposture,
Cache avec art ses projets odieux,
Au Portugais répond, et le rassure.
Jamais Synon, ce fourbe ingénieux,
Ne trahit mieux la race phrygienne;
Non loin d'ici, disait-il au guerrier,
Vit dans son île un peuple hospitalier
Qui suit les lois de la secte chrétienne.
Quel doux espoir le héros se promet,
Quand du nocher il vient d'apprendre encore
Que dans cette île aucun mortel n'adore
Les faux autels du fameux Mahomet !
Le nautonnier, qui médite sa perte,
Se réjouit de cette découverte,
Et promptement dompte le cours des flots.
C'est Quiloa, le roi de ces îlots,
Plus riche et grand que l'humble Mozambique,
Qui s'offre au loin sur la mer Atlantique.
Là nos héros aux vils mahométans
Par lui seront livrés en peu d'instans;
Mais la déesse adorée à Cythère
Voyant son peuple approcher une terre
Où les attend l'esclavage ou la mort,
Les a poussés loin du funeste bord.
Les vents du sud qui soufflent en silence,
Ont à sa voix repris leur violence;
Le vil nocher, trompé dans ses desseins,

CHANT I.

Toujours persiste en ses vœux assassins.
« Si le courant malgré moi vous entraîne,
» Dit-il au chef des braves Portugais,
» J'espère encore accomplir vos souhaits :
» Il est une île en cette mer prochaine
» Dont les chrétiens et les mahométans
» A nombre égal sont les seuls habitans. »
Du nocher maure, ô trahison insigne !
C'est Montbassa que le fourbe désigne,
Et dans cette île on ne vit en tout tems
Que les enfans de l'arabe prophète ;
Jamais du Christ on n'y chôma la fête.
Gama, qui croit au discours du nocher,
Rit à ce bord et brûle d'y toucher.
Mais des amours la reine vigilante
De ses vaisseaux rend la course plus lente.
Une cité sur les flots apparaît,
Riche en palais, et de tours couronnée ;
Par un vieux roi cette île est gouvernée ;
Son noble aspect charme l'œil, le distrait.
Or l'amiral, dupe de l'artifice,
Croit aborder une plage propice
Où des chrétiens règne l'antique loi.
Déjà des nefs, par l'ordre du vieux roi,
Sur l'Océan voguent avec vitesse,
Et du nocher confirme la promesse.
Le roi-colon, redoutant les dangers,
Apprit le nom des vaillans étrangers.
Déjà Bacchus, sous les habits d'un Maure,

S'est déguisé pour apprendre au vieillard
Le nom fameux d'un peuple qu'il abhorre,
Et des esquifs ont vogué sans retard
Pour attirer chez un peuple perfide,
Des Lusitains l'amiral intrépide.
Et l'amitié, par ses transports joyeux,
Cache la haine et ses funestes vœux.

O vie humaine à jamais tourmentée
Par des périls sans cesse renaissans!
Route scabreuse où notre ame agitée
Sourit en vain à des vœux impuissans!
O du bonheur fugitive apparence!
Ne faut-il point compter sur l'espérance?
Non; sur la terre ou les flots orageux,
Dans les combats, jouets de la fortune,
Sur un navire, égaré par Neptune,
L'homme gémit : que l'homme est courageux,
Même qu'alors le besoin l'importune.
Ah! si le ciel le maudit au berceau,
Si contre lui le ciel s'indigne et gronde,
Quel sûr abri dans ce fragile monde
Pourra cacher cet humble vermisseau?

LA VEILLÉE DES ARMES,

A L'OCCASION DU SACRE DU ROI.

—

A M. LE DUC DE LUXEMBOURG,

CAPITAINE DES GARDES DU CORPS.

Déjà la nuit descend sur le char du silence :
Le Roi dans ce palais du Très-Haut prend conseil;
Sous ces lambris, ornés du casque et de la lance,
Effeuillons tour à tour les pavots du sommeil !
Laissez-nous deviser et d'amour et de gloire,
Bachelettes de cour, Reims attend nos drapeaux;
Des nobles fleurs de lys quand vous brodez l'histoire,
Qu'une aiguille moins lente arme vos doigts rivaux.
Demain, CHARLES, qu'un peuple a surnommé le SAGE,
De sa couronne à Dieu fait l'éclatant hommage :
   C'est le fils de l'autel.
Le jour fuit: pour vos cœurs la prière a des charmes;
Clotilde vous sourit de son trône immortel;
Chapelains, commencez l'hymne de Samuel;
Près de vous nos cent preux vont veiller sous les armes.

Ainsi d'un LUXEMBOURG le beau page parlait:
Dans l'émeraude et l'or la flamme étincelait;

Et devant un trépied d'où la myrrhe s'exhale,
Resplendit l'appareil de la veille royale.
Aux jardins du palais, bientôt le troubadour
De l'âge d'or des rois soupire le retour,
Et des bosquets le labyrinthe immense
Redit en doux échos la pieuse romance :

 « La reine Blanche instruisant saint Loys,
 » Disait : beau fils, jà t'écheoit la couronne :
 » Sois souvenant que c'est Dieu qui la donne,
 » Qu'onc ne verras nobles vœux accomplis,
 » Qu'au jour de liesse où par piété grande
 » A son église en feras l'humble offrande ;
 » Ains tes aïeux s'en sont enorgueillis :
 » Veille sur toi Notre-Dame des lys !

 » Or n'y manqua monseigneur saint Loys :
 » L'Éternel sire en fit monarque juste,
 » Bras de l'autel, œil de justice auguste,
 » Fleur des chrétiens, roi des plus accomplis.
 » Tels sont encor pour la France fidèle
 » Maints rejetons de sa tige immortelle.
 » Ains les voulait monseigneur saint Loys :
 » Veillez sur eux, Notre-Dame des lys ! »

Le théorbe se tait : la voix enchanteresse
Permet au tambourin d'éveiller l'allégresse :
Prodige harmonieux !... sous diverses couleurs,
Des sylphes qu'une fée enchaîna dans des fleurs,
Quittent, vainqueurs du charme, un vase de porphyre ;
Leurs jeux aériens ont étonné Zéphire.
Sur l'écharpe d'Iris l'un figure le Roi

LA VEILLÉE DES ARMES.

Dans Paris salué sur son blanc palefroi;
L'autre anime avec art dans le miroir des fées
Du vieux Montmorency les merveilleux trophées;
Celui-ci fait briller l'aurore de Guesclin;
Mais le ciel s'illumine, et le magique essaim
Que livre encor sa fée à la métamorphose,
Rentre, en mânes légers, dans les plis d'une rose.
Tel le frêle vélin par la flamme brûlé,
Offre des feux mourans sur son cadre étoilé,
Enchantement rapide où l'enfance crédule
Croit voir chaque nonnain regagner sa cellule.

Enfin, au son du cor, ramenés des jardins,
Arrivent deux à deux cent jeunes paladins.
L'étoile d'or sur eux descend par une chaîne;
Leur front est couronné de feuillage de chêne;
Appuyés sur la lance ils se rangent en chœur,
Et le féal minois des nobles ouvrières,
Qui tantôt de ces preux eût enflammé le cœur,
N'en distrait pas un seul de ses graves prières!
Le chapelet en main se disait l'oraison;
Elle finit : le page avec gente façon
Annonce que le Roi, selon l'usage antique,
Doit ériger cent preux sous son glaive héroïque;
Et du métier gentil leur donne une leçon.

« Guerriers qu'attend de la chevalerie
» L'ordre sacré, prix des rares exploits,
   » D'honneur toujours guettez la voix;

» Ecoutez Roland qui vous crie :
» Prier Dieu, servir sa patrie,
» De son sang faire hommage au Roi,
» De l'art gentil des preux c'est la première loi;
» La France est le berceau de la chevalerie. »

A ces mots, agité d'un embarras touchant
Que lui cause une belle attentive à son chant,
Le page s'interrompt : des chroniques vaillantes
Il omet à dessein les complaintes galantes;
L'histoire des couleurs que, dans les carrousels,
Pour leur dame de choix portaient les damoisels;
Les défis sur le luth, les vœux du saint voyage,
Les adieux, les soupirs et les sermens d'usage.
Le silence régnait : une plus douce voix
Reprend ce lai naïf, cher aux preux de la croix :

« Bons chevaliers, desservans de la gloire,
» Point n'oubliez les lois de notre cour !
» Qui veut monter sur le char de victoire,
» Doit s'élever sur les pavois d'Amour.

» Craignez surtout de parjurer vos belles,
» A qui devez tendre et durable foi !
» A la beauté ceux qui sont infidèles
» Sont rarement fidèles à leur roi.

» Si combattez et d'estoc et de taille
» Vils Sarrasins, ennemis du saint lieu;
» De votre glaive, à l'heur de la bataille,
» Faites d'abord humbles saluts à Dieu !

LA VEILLÉE DES ARMES.

» Ainsi toujours pieux, courtois et braves,
» Que le bonheur soit de votre côté :
» De vos sermens, sachez, nobles esclaves,
» Vaincre pour Dieu, la gloire et la beauté ! »

La bachelette chante, et par un doux sourire
Termine son refrain : les preux à l'unisson
Répètent gravement l'instructive chanson ;
L'amour dans la veillée advient comme un beau sire :
Et chaque preux sans doute obtiendra même jour,
La royale accolade et le baiser d'amour.

Cependant de la nuit l'argentine courrière
A de l'aube du soir refermé la barrière ;
Dans le temple Rémois son prélat soucieux
Invoquait à l'autel la céleste colombe ;
« Quoi ! dit-il, le jour déjà tombe,
» Et le nectar divin ne descend pas des cieux ! »

Quand des troubles civils affligeaient le royaume,
Le chrême du Seigneur qui consacre les rois,
Et qu'une sage main conserva sous le chaume,
De son ferment sacré n'échauffait plus la croix.
Le pontife attristé déplorait son absence ;
Mais Dieu fait pour nos rois éclater sa puissance !
Messagère du Christ, quitte la nef des bois!

Non loin de Reims, dans la sombre vallée
De la colombe, un ermite vivait :
Sous un vieux toit couronné de feuillée,

Depuis quinze ans Jésus il desservait.
Expatrié du monastère antique,
Il exila dans ce moutier rustique,
Rosaire, étole et pudiques vertus;
C'était aux jours d'orage politique
Qui vit les cœurs de tristesse abattus.
Chacun venait baiser son reliquaire,
En lui disant : priez pour nous, mon père!
Un air rêveur qui se lit dans les yeux
Suivait partout le noble anachorète :
Et l'on eût dit qu'un trésor précieux
Le retenait dans son humble retraite.
Mais pour vêtir la veuve et l'orphelin,
Il employait sa charité discrète
A leur tramer et le fil et le lin.
A tels bienfaits pauvres devaient s'attendre;
La piété rend l'ame encore plus tendre;
Elle n'est point sœur de la vanité :
Qui vit en Dieu chôme l'humanité.

L'airain trois fois sonnait la première heure
Aux murs de Reims, et l'ermite inspiré
Déjà touchait la royale demeure,
Qu'animait seul un appareil sacré.
« Ouvrez, ouvrez au pieux solitaire! »
Disait la voix : « que Dieu vous garde en paix!
» Le plus grand jour luit demain pour la terre,
» Et je vous dois le plus grand des bienfaits.
» Ouvrez, ouvrez au pieux solitaire!

LA VEILLÉE DES ARMES.

» L'Esprit ailé m'attend dans ce palais. »
Enfin l'abbé, plein d'une sainte ivresse,
Sous ces lambris est entré..... La nuit cesse.

Il découvre son urne..... O puissance de Dieu!
Une odorante nue a pénétré ce lieu;
D'un vague et long effroi l'assemblée est saisie.
Des anges, que révèle un souffle d'ambroisie,
Sous ces traits dont souvent nous les peint le sommeil,
Des vigiles du sacre étonnent l'appareil.
L'un, aux doigts de saphir, balance une couronne;
L'autre étale un manteau que la pourpre environne;
Celui-ci tient le sceptre et les éperons d'or;
Celui-là, s'élevant dans un rapide essor,
Déploie avec respect la robe dalmatique,
Emblème pour les rois du sacerdoce antique.
L'aîné d'entre eux agite, en invoquant la loi,
Et le bras de justice et le glaive du Roi.
L'essaim mystérieux arrondit sa phalange,
Et cet hymne, émané de la bouche d'un ange,
Qu'un invisible luth suit de ses doux accords,
Nomme un Roi que la Seine admire sur ses bords :

« Pour lui j'ai cueilli l'asphodèle,
» Fleur du Paradis, dont l'encens
» A l'immortalité, comme elle,
» Consacre les rois bienfaisans.

» Charles, Français par excellence,
» Est amant de la vérité,

» Maintient l'équitable balance,
» Et féconde la charité.

» J'ai, sur le livre séculaire,
» Gravé les fastes de ce roi,
» Qui voit son trône populaire
» Fleuri des palmes de la loi.

» Pour lui j'ai cueilli l'asphodèle, etc. »

Le séraphin chantait : de la voûte enflammée,
La palombe du Christ, sur l'amphore embaumée
S'abat, et la couvrant d'une douce chaleur,
Réchauffe par degrés la divine liqueur,
S'élève et disparaît avec la troupe sainte.
C'est l'heure où les vitraux de la gothique enceinte
Des feux vermeils du jour sont dorés à demi.
L'extase est dissipée, et l'ermite modeste
Au pontife de Reims porte l'urne céleste,
Trésor que conserva..... l'abbé de Saint-Remi.

LUXEMBOURG, il est tems, franchissons le vieil âge ;
Salut, Montmorency, premier baron chrétien,
C'est la fête des lys ; leur triomphe est le tien.
La noble allusion que voilait mon langage
Se découvre, et j'entends crier : « France, applaudis !
» Les traits de Charles-Cinq restent à Charles-Dix. »
Mais les sons imposans de l'airain catholique
Déjà frappent de Reims la vaste basilique ;
Déjà de l'Esprit-Saint les chevaliers royaux
Sous l'ardente oriflamme ont groupé leurs drapeaux.

LA VEILLÉE DES ARMES.

Dans ce jour solennel quelle pompe unanime!
Toujours le peuple est grand sous un roi magnanime.
On l'entoure, on l'accueille avec des cris d'amour,
Et la foule idolâtre est sa plus belle cour.

« Reçois donc, Charles, de l'Eglise
» L'anneau d'or qui t'unit à la terre des preux;
» Toi, France, qu'à son doigt jamais il ne se brise
» Ce gage sacré de vos nœuds!

» Qu'il s'incorpore dans l'Eglise
» L'auguste chevalier, profès en loyauté;
» Que l'huile du Seigneur s'épanche et fertilise
» L'avenir de la royauté! »

Coule, nectar divin, sur cette auguste tête:
Et toi, Religion, prouve en ce jour de fête
Que le choc redoublé des vents séditieux
N'ébranle pas un trône élevé dans les cieux.

LES ÉTUDES DU PEINTRE.

A M. GRANET,

MEMBRE DE L'INSTITUT (ACADÉMIE DES BEAUX-ARTS).

Moi, je suis peintre aussi (1); je chante la peinture,
Cet art imitateur, rival de la nature,
Qui donnant aux objets la forme et la couleur,
Par le chemin des yeux se rend maître du cœur.
Que son pouvoir est grand sous les doigts du génie,
Granet, quand des couleurs ta savante harmonie
Eclaire d'un jour pur, digne des immortels,
L'intérieur d'un temple, et le prêtre aux autels.
A la religion ton art est favorable :
Qui nous peindra d'un saint le banquet vénérable?
Des assistans émus vois le recueillement!
Jérôme communie à son dernier moment;
Affaibli par les ans et par un jeûne austère,
La force l'abandonne; une main tutélaire
Le soulève, et ses yeux, par la mort presque éteints,
Semblent se ranimer pour les mystères saints
A l'aspect du pontife, armé du pain céleste.
Il rappelle avec joie un souffle qui lui reste;

(1) Allusion au mot du Corrége : *Anch'io son pittore !*

Ce tableau tour à tour signale à mon regard
Le triomphe du saint et la gloire de l'art.

Que ne peut la peinture, en merveilles féconde,
Quand le feu créateur l'anime et la seconde ?
Sœur de la poésie et simple dans ses traits,
Elle brille à nos yeux par les mêmes attraits ;
Mais il faut que des cœurs tour à tour interprète,
Le poète soit peintre, et le peintre poète.

Il est plus d'un pinceau : l'un, comme Wouvermans,
Peint le choc des combats, les coursiers écumans ;
Gessner de la palette, amant du paysage,
L'autre prend pour théâtre une forêt sauvage
Et retrouve Turpin (1) dans un site enchanteur.
Des plus humbles détails rigide observateur,
Un Van-Dick veut saisir la grâce qui s'envole,
Et d'un coup de pinceau figure la parole.
Van-Spaëndonck, dont Hermès a fondu les couleurs,
Imite le satin, le velouté des fleurs,
Et comme Valayer, pour nous charmer encore,
Peuple d'insectes vrais la corbeille de Flore ;
A l'éclat passager du fragile pastel,
Cette autre Rosalba prête un charme immortel ;
D'une détrempe active orne la négligence,
D'une seule couleur fait valoir l'indigence,

---

(1) M. le comte Turpin de Crissé, excellent paysagiste, dans le goût du Poussin.

Ou sur l'enduit humide animant son tableau,
Consacre à Geneviève un Vatican nouveau (1).
Enfin, à la vertu l'ame parfois guidée,
Nous peindra du hameau la modeste accordée;
L'Antigone de Greuze inspirait ses pinceaux,
Et l'art du coloris a ses contes moraux.

L'artiste au goût du trait doit s'attacher sans cesse,
A ses linéamens il faut de la souplesse;
Qu'ils soient comme la flamme en ondes circulant,
Que le coup de crayon soit pur, vif et brillant.
Tu l'as prouvé, l'on doit varier avec l'âge
Le port de son acteur, les traits de son visage;
Dans une étude sage observant l'unité,
Il faut, comme au théâtre, un sujet concerté.
Pour poser nos acteurs, dessinant l'intervalle,
N'allons pas y confondre une scène rivale,
Et que du corps enfin les doux balancemens
D'une attitude vraie offrent les mouvemens.
Ainsi fit Léonard (2), dont le crayon docile
Développa du trait l'étude difficile.
D'un sévère dessin, au peuple milanais,
Sa *Cène* révéla le génie et les traits :
C'est par là qu'à Bologne, admirable lycée,
La gloire du crayon sur le bois fut tracée,
Et que l'art, couronnant trois Carraches fameux,

(1) L'intention de l'auteur est un hommage au grand peintre de la patronne de Paris.
(2) De Vinci.

Tels sont les trois Vernet, plus coloristes qu'eux,
Vit triompher le goût, né de l'école antique ;
En vain la barbarie au visage gothique,
Avant Cimabué, criait : J'ai tout détruit ;
Michel Ange paraît : doctes arts, plus de nuit !
Si la Peinture en pleurs, se couvrant de ses ombres,
Long-tems sous Portici vécut sous des décombres ;
Si les Goths, de Vulcain promenant les flambeaux,
Du tems qui brise tout devancèrent la faux ;
Si, des siècles obscurs franchissant la durée,
Long-tems elle resta des mortels ignorée,
L'aurore du génie est l'éclair d'un grand jour ;
Michel-Ange l'arrache à cet affreux séjour,
Son éclat se ternit, s'efface, va s'éteindre...
Grand homme, tu n'as plus qu'un seul instant pour peindre!
Il saisit cet instant, et de vives couleurs
Abreuvant son pinceau, tout baigné de ses pleurs,
De la peinture antique, à la façon de Dante,
Il rajeunit la gloire à ses yeux expirante ;
Et ranimant en lui Praxitèle et Zeuxis,
Ton siècle, ô Périclès, renaît sous Médicis !

Sans doute du crayon l'étude nous réclame :
Mais des linéamens le coloris est l'ame,
Et comme un teint brillant orne de noble traits,
Il faut qu'à la palette il doive ses attraits.

Heureuse Sicyone, ô plage deux fois chère,
Tu vis naître en tes champs Dibutade et Glycère !

LES ÉTUDES DU PEINTRE.

La Peinture, en naissant, à l'art n'offrit d'abord
Que deux humbles couleurs, trop indigent accord;
Des arides rochers la pierre blanchissante,
Et le hêtre brûlé sur une herbe naissante.
Glycère à Sicyone, en mariant des fleurs,
Apprit à Pausias l'union des couleurs,
Et l'artiste, à ce choix, surpris d'un beau délire,
De Pomone, de Flore, interrogea l'empire;
Au lys éblouissant il ravit sa blancheur,
L'incarnat à la rose, à l'œillet sa fraîcheur;
A l'humble violette, aux vives hyacinthes,
Aux raisins empourprés il prit de sombres teintes,
Et le Van-Huysum grec, de son calcul épris,
En soumit la nuance à l'écharpe d'Iris.
Sourire de l'amour, telle fut ta puissance!
En devinant les arts, grossiers dès leur enfance,
L'homme de la nature étudia les dons,
L'argent d'un ruisseau pur, l'or des jaunes moissons:
Plus éclairé, bientôt il explora la terre,
Il rendit de son art l'Indoustan tributaire,
Imita des oiseaux les plumages divers,
Et pour lui le corail rougit au sein des mers.
Ah! sans doute, les dieux adoptant la Peinture,
Pour consoler nos yeux au sein de la nature,
Voulurent, à l'envi, nous retracer un jour
Les modèles d'un art inventé par l'Amour.
Qui fut mieux inspiré que Lorrain, s'il présente
L'onde au reflet mobile et Phébé renaissante!
L'esquif aventuré sur des flots incertains,

L'arc-en-ciel qui se perd sous des rochers lointains.
Les débris d'un vieux temple où Thétis vient encore
Caresser le tombeau d'un enfant qu'elle adore.

Mais faut-il, affectant une folle chaleur,
Sur la toile au hasard promener la couleur?
Titien vous apprend les douces sympathies
Qui, dans l'art pittoresque avec soin assorties,
Deviennent pour les yeux des accords plus touchans
Que l'oreille n'en trouve aux plus sublimes chants.
O double illusion! ô tableau synoptique!
Ne pourrait-on, cédant à l'esprit poétique,
Si l'on peut accorder mille sons enchanteurs,
Combiner le mélange et le ton des couleurs?

La Musique est image et doit peindre pour plaire :
Que la Peinture soit l'harmonie oculaire;
Muette symphonie, accords délicieux,
Le coloris devient un concert à nos yeux;
Les plus dures couleurs avec art se marient;
Que notre œil soit le prisme où leurs jeux se varient.
Ce n'est pas tout, il faut que leurs jets trop marquans
Evitent le combat des corps s'entrechoquans;
Des ombres et des jours ménageons l'artifice.
Point d'effets sans cela. Peintre encore novice,
Garde-toi, transporté dans un vol trop hardi,
De puiser la lumière aux rayons du midi;
D'un soir délicieux la clarté tempérée
Par un œil délicat doit être préférée;

LES ÉTUDES DU PEINTRE.

Et tu pourras encor choisir ce doux instant
Qui, dès que le jour naît, sur l'horizon s'étend;
Soit enfin qu'allumant sa radieuse tête,
Le soleil sur les flots présage la tempête;
Quand l'alcyon peureux, avec un cri plaintif,
Rase la mer troublée, en son vol fugitif.
Jadis, à Salvator disputant la victoire,
Vernet prit un vaisseau pour son observatoire.

La nature a des sons et l'art a des accords;
L'Harmonie a des yeux et la Peinture un corps.
Par le brillant secours des Arts, amis fidèles,
Le Génie à son gré vole sur plusieurs ailes.

Toutefois méditons l'esquisse d'un tableau :
Que toujours le sujet honore le pinceau;
Que sans cesse le Goût, dieu de la convenance,
Préside à vos essais, en règle l'ordonnance;
Retracez avec soin les régions, les lieux
Qu'ont habités vos rois, vos pasteurs ou vos dieux;
Et discernant entre eux les peuples de la terre,
Pour le choix du costume ayons un soin austère.
Que me fait la richesse avec ses ornemens?
Il me faut de grands traits et non des diamans :
L'éclat du vêtement écrase un personnage,
Et la simplicité des arts est l'apanage.
Enfin, quand d'un tableau le plan est médité,
Admis par la Raison, sœur de la Vérité,
Craignons, en y mêlant le sacré, le profane,

Que l'art inquisiteur au feu ne le condamne.
Si la Vénus flamande a pour vous des attraits,
Voici Téniers : l'on rit à ses tableaux si vrais ;
Lui-même, pour nous peindre une burlesque orgie,
Dressa son chevalet dans une tabagie ;
L'un, la pipe à la bouche, au coin du feu s'endort ;
Sur un broc en trinquant l'autre tombe ivre-mort.
Dans un rustique enclos nous peint-il une danse ?
Bras croisés en arrière, on se heurte en cadence,
Tandis que sur la tonne un Orphée en bonnet
Sur quatre nerfs discords fait crier son archet.
Pourtant il n'atteint pas au triomphe mimique
Dujardin vous attend ; quelle scène comique !
Monté sur des tréteaux, Crispin en charlatan
Aux badauds attroupés vend son orviétan ;
De son baume divin il passe la fiole ;
On l'entend perrorer ce grand pharmacopole !
Il attendrit chacun ; près de lui, l'aigrefin
Pour distraire son monde assomme Turlupin ;
Et pendant qu'un bouffon, musicien barbare,
Pour plaire aux spectateurs tourmente sa guitare,
Maître Gonin, riant des acheteurs bernés,
A travers un rideau leur montre un pied de nez.

Ainsi la Vérité revient à la nature,
A moins qu'un art grossier n'altère sa figure.

Sur des principes vrais établissez votre art :
Le talent n'a jamais rien produit au hasard.

Mais un bel art exige une nature belle,
Chez nos Parrhasius (1) prenons-la pour modèle.

Vois! quel sombre tableau!..... Qui sont ces malheureux
Au naufrage échappés sur ce roc sourcilleux?
Un époux, haletant sous le poids de son père,
A son épouse encor prête un bras tutélaire;
La courageuse mère, en ces affreux instans,
Livre ses longs cheveux à l'un de ses enfans,
Tandis que sur son sein, palpitant de tendresse,
Repose un autre enfant que d'un bras elle presse;
L'infortuné vieillard s'attache avec effort
Au rameau d'un vieux chêne, arbitre de leur sort:
Cet espoir les trahit; épouvantable crise!
L'éclair luit, l'onde écume, et le chêne se brise.

La douleur de Sextus, insensible aux regrets,
Du sombre désespoir réalise les traits.
O spectacle touchant! j'aperçois Bélisaire
Que guidait un enfant, soutien de sa misère;
Il étreint dans ses bras, sur son cœur oppressé,
Son jeune conducteur, qu'un reptile a blessé.
Que Gérard conduit bien le crayon de l'histoire!
Pour attirer l'obole au casque de la gloire,
L'enfant du vieux guerrier était le frêle appui:
Bélisaire lui rend ce qu'il reçut de lui.

A ces modèles vrais consacrant votre étude,

(1) L'auteur regrette de ne pouvoir, dans ce croquis poétique, nommer tous les habiles peintres qui illustrent de nos jours l'École française.

Peintres, courez aux champs chercher la solitude;
Au murmure des eaux, au silence des bois,
La Nature a prêté le charme de sa voix.
Pour compagnes prenez vos fidèles tablettes,
Des rapides croquis confidentes discrètes:
Des groupes fugitifs aisément effacés
Tour à tour à vos yeux y seront retracés.

Mais du génie antique enviant la richesse,
Granet, tu les attends aux rives de la Grèce
Ceux que pour le vrai beau nous voyons soupirer!
Quel séjour plus fameux pourrait vous inspirer!
Là, les rêves brillans de la mythologie
Viendront de leurs pinceaux varier la magie;
Contemplons les Titans, dans le palais du T (1),
Escaladant le ciel, de leurs vœux irrité;
Là, frappés de terreur, dans l'enceinte éternelle
Les dieux sont dispersés; ici paraît Cybèle,
Qui presse dans les airs ses lions écumans:
L'univers a tremblé jusqu'en ses fondemens.
Que de monts entassés! mais les Titans succombent,
Sous la foudre en éclats, précipités ils tombent....
Et dans ce grand désordre un art mystérieux
Au pouvoir du contraste accoutume les yeux.

Mais quel enchantement, et quel essor rapide
Amène mes leçons dans les bosquets de Gnide?

(1) Palais des anciens ducs de Mantoue, ayant la forme de cette lettre.

Des Cyclopes d'Etna laborieux rivaux,
Que vois-je? les Amours allumant des fourneaux ;
Les uns forgent des traits pour atteindre les belles,
D'autres visent un cœur de leurs flèches mortelles ;
Ceux-ci par le sommeil se sont laissé charmer ;
Les nymphes, en riant, viennent les désarmer.
Ceux-là font la moisson, se disputent l'ouvrage,
Ou croisent deux épis pour venger un outrage.
Albane, où trouvais-tu ces sujets attrayans?
Peintre heureux des Amours, il peignait ses enfans :
Ces espiègles chéris voltigeaient sur ses traces,
Et broyaient ses couleurs sur les genoux des Grâces.

Peintre, vous n'irez point, compositeur craintif,
Ralentir d'un beau feu le mouvement actif.
Guide, peintre de l'ame, émeut, échauffe, inspire,
S'il colore à grands traits le rapt de Déjanire.
Sur sa croupe, en fuyant, le centaure amoureux
Porte la nymphe, objet de ses sauvages feux.
Il fuit : voyez l'effroi de la beauté timide ;
Mais l'Amour ne saurait protéger un perfide ;
Et le pinceau de Guide, arrêtant son bonheur,
Avant le trait d'Hercule atteint le ravisseur.

Le sentiment de l'art, à la plus docte ivresse
Doit imposer les lois d'une raison maîtresse.
GRANET, qui retiendra le génie emporté?
Que par l'arrêt du goût lui-même il soit dompté.
Tel un coursier anglais, impétueux, agile,
Qui jamais n'écouta que sa fougue indocile,

Dès qu'au pouvoir du frein on a su l'enchaîner,
Dans un cercle prescrit il se plaît à tourner.
Autrefois le pinceau, dans un étroit ouvrage,
Enferma l'univers au jour du grand naufrage.
Le Poussin m'apparaît sur le sacré coteau,
Et le Tems, dans sa barque, a sauvé son tableau.

Hâtons-nous de saisir l'instant qui nous anime,
C'est lui seul qui produit les trésors du sublime.
Le crayon diligent est souvent le plus clair :
La flamme du génie est un rapide éclair.

« Que dans tous vos sujets la passion émue
» Aille chercher le cœur, l'échauffe, le remue. »
Peignez-moi la Douleur, embrassant un tombeau,
Sous l'ombrage du deuil où s'éteint son flambeau ;
La Joie au teint de rose, au folâtre sourire,
Animant un banquet par son brillant délire ;
La Colère à l'œil sombre, aux gestes égarés,
Poursuivant la Terreur, aux regards effarés ;
L'Innocence naïve inclinant sa paupière,
Ou l'Orgueil satisfait, levant sa tête altière.
Trop heureux qui du ciel a reçu la faveur
De garder sa raison sans refroidir son cœur,
Et, rival du Corrége, ingénieux, sensible,
Sous des pinceaux divins rendra l'ame visible.

Aux pieds de Raphaël, peintres, prosternez-vous ;
Granet, de ses crayons qui ne serait jaloux !
Père de la beauté, sous sa main tout respire :

Il a conquis de l'art et le charme et l'empire.
L'ordre, dans ses tableaux, s'unit à l'agrément;
Les mouvemens de l'ame y sont peints savamment.
Lancé sur une route invisible au vulgaire,
Il voit Rubens vaincu par sa couleur austère,
Et sans effort s'élève aux célestes beautés.
A l'éternel pouvoir des saintes vérités
Il soumet le Thabor; le Rédempteur lui-même
Se transfigure aux yeux des apôtres qu'il aime;
Ses disciples, courbés sous son poids radieux,
Tombent sur la poussière, ardente de ses feux.....
Ce prodige de l'art, qu'affaiblit mon hommage,
Nous rappelle que Dieu fit l'homme à son image :
C'est ainsi que, prenant un vol audacieux,
Le peintre, à son image, osa créer les dieux.

ÉPITRES.

ÉPITRE I.

A UN JEUNE ÉLÈVE EN SCULPTURE.

(1810.)

Tu veux imiter l'homme, artiste audacieux :
Il faut d'abord, armé du fer industrieux,
De l'homme étudier l'admirable structure,
Ce mécanisme heureux, base de la sculpture.
Au temple d'Epidaure entre, et vois sans terreur
Ce cadavre étendu......Quoi! tu pâlis d'horreur!
Tu fuis épouvanté! Soutiens mieux ce spectacle;
Que l'amour du savoir surmonte cet obstacle.
Saisis, saisis le fer! ouvre enfin sans remord
Ce chef-d'œuvre de Dieu qu'osa frapper la mort.
Décompose avec moi cette immense machine,
Que naguère animait une flamme divine......
Le voile est déchiré : découvre ces ressorts,
Et ces leviers secrets qui font mouvoir nos corps :
Admire de ces os l'imposant édifice,
Mélange surprenant de force et d'artifice;
Visite tour à tour, et ces muscles jumeaux,
Et ces nerfs, déployés comme autant de rameaux;
Et ce tissu fibreux, tantôt mou, tantôt ferme;
Et ces canaux pourprés que trahit l'épiderme.

Plus ton œil connaîtra les internes ressorts,
Mieux ta main m'offrira l'image du dehors.
De ce gladiateur vois la pose hardie,
Fruit heureux d'une étude immense, approfondie.
Sur un genou qu'il ploie il soutient tout son corps;
Redoublant tout à coup de vigueur et d'efforts,
Le bras gauche en avant, le bras droit en arrière,
Il s'élance en vainqueur et fournit sa carrière;
Dans ses traits qu'anima le ciseau créateur,
J'aime à voir triompher l'athlète et le sculpteur.

Paul, imite surtout sa savante partie,
Au jeu du corps entier sans cesse assujettie,
Qui, de l'ensemble humain admirable fragment,
De l'homme sait régler le moindre mouvement,
Et que pour en marquer la valeur et la force,
L'art même, de nos jours, a surnommé le torse.
De ce vieux tronc d'Hercule admirant la beauté,
Tombe, tombe à genoux devant l'antiquité!
Vois ce marbre vainqueur du tems qui nous dévore,
Il semble palpiter, il semble agir encore;
Il agit, il palpite; et ses nobles débris
Etalent tout Alcide à nos regards surpris.

Redoutons de notre œil l'assurance perfide,
Que notre art à son aide appelle l'art d'Euclide,
Dont les chiffres divers, diversement placés,
Sur un juste modèle exactement tracés,
Mesurent de nos corps les diverses parties,

ÉPITRE I.

Par un calcul savant entre elles assorties,
Polyclète inventa ce type ingénieux,
Qui mit l'art à l'abri des erreurs de nos yeux :
Des antiques sculpteurs les tables combinées,
Où du beau l'on trouvait les règles dessinées,
Ne leur servaient ainsi qu'à faire un choix savant,
Alors qu'ils mesuraient le modèle vivant.
De la nature simple, et quelquefois grossière,
Leur main, rectifiant la forme irrégulière,
A la géométrie emprunta son flambeau,
Et pour guide eut un type, échelle du vrai beau.

Toi donc qui, méditant une noble pensée,
Dans le marbre déjà voudrais la voir fixée,
Avant que le ciseau n'agisse sous tes doigts,
Il faut de l'équilibre étudier les lois.
Mais en suivant de l'art la marche compassée,
Que ta pose jamais ne paraisse forcée ;
Observe des chasseurs la chaste déité :
Que d'aplomb à la fois et de légèreté !

En forçant son travail, on court toujours un risque,
C'est de passer le but. Vois le lanceur de disque :
Replié sur lui-même ainsi que le serpent,
Il paraît imiter cet animal rampant,
Quand, tout prêt à saisir la victime qu'il guette,
De sa queue écaillée il rapproche sa tête ;
Et, pour sauter sur elle avec plus de vigueur,
En spirale arrondit sa mobile longueur.

De la vérité seule amant toujours fidèle,
La nature est pour toi le plus parfait modèle.
Imite-la : dès lors sous ton heureux ciseau,
Naîtront la majesté, la grâce et le vrai beau.
Si sa main te conduit, si son flambeau t'éclaire,
Rival de Canova, loin du talent vulgaire,
Tu brilleras un jour, comme au sacré vallon,
Sur les nombreux auteurs favoris d'Apollon,
Virgile brille encor, soit qu'assis sous un hêtre,
Il chante ses loisirs sur un pipeau champêtre,
Soit qu'au peuple romain son imposante voix
Consacre d'un héros les belliqueux exploits.

Par ton goût entraîné, veux-tu sculpter un arbre?
A tel point séduis l'œil, qu'approchant de ce marbre,
Où règne la fraîcheur sous un feuillage épais,
Le voyageur lassé vienne y prendre le frais.
Prétends-tu nous offrir la corbeille de Flore?
Que les fleurs, à nos yeux semblant à peine éclore,
Soient telles, qu'au matin désirant s'embellir,
La fille, vierge encor, brûle de les cueillir.
Epions la nature ; ah! rien ne la remplace;
L'ami de la nature est l'amant de la grâce.
C'est par là que les Grecs ont souvent mérité
Les applaudissemens de la postérité.

Admire de Vénus cette image immortelle,
Trésor des Médicis, fille de Praxitèle :
Notre œil sur ce beau corps glisse avec volupté,

D'un doux frémissement son sein est agité ;
Sa nudité charmante excite ses alarmes,
Et sa pudique main sert de voile à ses charmes.
A ce marbre arrachons son immobilité,
Et ce marbre nous montre une divinité.
Ah! quel est le mortel qui, voyant la déesse,
De son cœur chérissant l'erreur enchanteresse,
Dans son illusion, n'a pas au même instant
Pris pour un corps divin ce marbre palpitant ;
Qui, croyant contempler le ravissant modèle,
Qu'en son docte délire imitait Praxitèle,
N'ait pas d'abord fléchi le genou, tout surpris
De rêver un moment le bonheur de Pâris.
Qui ne sait qu'autrefois, pour voir ce bel ouvrage,
Ses amans ont de Gnide entrepris le voyage.

Sans doute le ciseau de l'immortel sculpteur
N'avait point enfanté ce modèle enchanteur,
Quand Phryné, désirant enrichir sa patrie,
D'un chef-d'œuvre de l'art qu'eût créé son génie,
De ce chef-d'œuvre un jour lui déroba l'aveu,
Praxitèle long-tems fut rebelle à son vœu :
Mais il l'aime, et peut-on refuser ce qu'on aime?
« Belle Phryné, dit-il, usant de stratagème,
» Je suis prêt dès ce jour à combler ton désir ;
» Mon chef-d'œuvre est à toi, si tu sais le choisir. »
Mais comment discerner ce précieux modèle ?
Pour faire un pareil choix il faut un Praxitèle.
Tandis qu'elle hésitait, on entend un grand bruit.

Un esclave en secret, par la belle séduit,
Vers Praxitèle accourt: « Vos chefs-d'œuvre, ô mon maître,
» Hélas! ils sont détruits ou sont bien près de l'être;
» Dans l'atelier la flamme exerce sa fureur.
» — Ah! dit l'artiste alors tout pâle de terreur,
» Sauvez le Cupidon ou du moins le Satyre!
» — Calme-toi, dit la belle en éclatant de rire;
» D'une ruse innocente accorde le pardon:
» Tu viens de m'éclairer, je prends le Cupidon.

Si la grâce a pour nous des attraits invincibles,
Si la beauté peut tout sur nos ames sensibles,
Disciple, on peut encor, sans grâce, sans beauté,
Plaire par la nature et par la vérité,
Qui font, malgré l'oubli des formes les plus belles,
Triompher le sculpteur en des routes nouvelles.
Il a vaincu de l'art les obstacles puissans,
Si le marbre soumis se meut dans tous les sens :
J'aperçois un enfant dont la pose est naïve :
Cependant il attache, il entraîne, il captive;
A l'admirer long-tems je me sens arrêté.
Qui dans ce marbre-là séduit? La vérité.
J'aperçois dans son pied une épine qu'il tire;
La nature triomphe, et son charme m'attire.

Mais ce n'est point assez que tes savantes mains
Figurent à ton choix les dieux et les humains :
Il faut que désormais soumis à ton empire,
Sous un ciel mensonger tout animal respire :

ÉPITRE I.

Veux-tu sculpter un loup? que sa gueule, et ses dents,
Et sa large narine, et ses regards ardens,
Soient feints avec tant d'art, qu'un agneau véritable
De crainte, à son aspect, regagne son étable.
C'est par là que Lysippe, artiste ingénieux,
Mérita les honneurs qu'on décernait aux dieux.
Jamais sculpteur, habile à saisir la nature,
N'obtint de son ciseau la magique imposture.
Sculpte-t-il un taureau? ce taureau va mugir;
Ses loups semblent hurler, et ses lions rugir.
S'il figure un coursier, il dresse sa crinière;
Son pied impatient fait voler la poussière,
C'est le Coustou des Grecs. Pour ta vache, ô Myron!
Bien qu'elle soit d'airain, à son ample fanon,
A son énorme tête, à sa large narine,
Aux replis de sa queue, aux poils de sa poitrine,
On dirait qu'elle vit. Tourmenté par la faim,
Le veau la croit sa mère, et suce un pis d'airain;
Le laboureur s'y trompe, et de son lait avide,
Le pâtre va pour traire une mamelle vide.
Ainsi de la sculpture ouvrage audacieux,
Le Milon de Crotone (1) étonna tous les yeux.

Lorsque des passions tu présentes l'image,
Garde-toi d'oublier que la nature est sage :
Des grimaces, des cris et des contorsions,
Des traits décomposés par ses convulsions,

(1) Du fameux sculpteur Puget.

Loin de la réchauffer, attiédissant notre ame,
Et de la pitié même y maîtrisant la flamme,
Ne décèlent aux yeux que la rage du cœur,
Qu'une tête en désordre, un esprit sans vigueur.
La joie immodérée est une autre faiblesse ;
Le rire déplaît même, en sa bruyante ivresse,
S'il altère des traits la tranquille beauté.
Par d'affreuses douleurs l'homme est-il tourmenté ?
J'aime à voir qu'il soit calme à son heure dernière,
Et que l'ame chez lui commande à la matière.
Ainsi l'ordonne l'art : au physique, au moral,
Soit peine, soit plaisir, dans le bien, dans le mal,
Qu'on lise dans ses traits ce calme inaltérable,
De l'habitant céleste attribut désirable.

Ce précepte savant, ils ne l'ont point omis
Ces fameux Rhodiens dont les ciseaux amis
Ont de Laocoon, grand prêtre de Neptune,
Sur le marbre gravé la célèbre infortune.
Vois ce père et ses fils que, de leurs nœuds mortels,
Environnent deux fois deux reptiles cruels,
Dont la dent vénéneuse et les yeux pleins de flammes,
En tourmentant leurs corps, épouvantent leurs ames.
De la lutte soudain martyr religieux,
Il montre en ses regards son respect pour les dieux ;
Des reptiles sanglans il combat la furie ;
Il souffre ; néanmoins ne pense pas qu'il crie :
Vois plutôt.... Mais d'où vient ma subite terreur ?
Mes cheveux sur mon front se sont dressés d'horreur !

EPITRE I.

Il est, il est encor plus d'un précepte utile,
Qu'a renfermé Minerve en son livre fertile.
Chaque saison diffère, et chaque âge a ses traits :
Le printems a ses fleurs, l'enfance a ses attraits,
L'été, ses feux brûlans, et l'ardente jeunesse,
Ses goûts, ses passions, sa chaleur, son ivresse;
C'est l'âge des plaisirs, des talens, des travaux,
L'époque des succès, la saison des héros.
Que l'œil puisse aisément, dans chaque personnage,
Discerner le pays, l'état, le sexe et l'âge;
Qu'il distingue sans peine un actif villageois,
Dont les grossiers labeurs ont endurci les doigts,
Du petit-maître oisif, qui, né dans l'opulence,
Laisse couler ses jours au sein de l'indolence;
Ne vas pas nous sculpter avec des traits gémeaux,
La vierge des cités, la fille des hameaux.
Enfin de la nature observateur fidèle,
Que toujours ton ciseau soit propre à ton modèle.

Mais déjà, transporté par l'amour de ton art,
Pour l'offrir à mes yeux, tu fais choix du vieillard.
Que son corps décharné, que sa marche tremblante,
Que de son dos voûté, de sa tête branlante,
De ses yeux presque éteints l'apathique langueur,
Que son front sans cheveux, ses muscles sans vigueur,
Que sa peau sur son corps par les rides durcie,
Que les flots argentés de sa barbe épaissie,
Lui donnent à tel point l'air de la vérité,
Qu'on dise, en le voyant : C'est la caducité.

Mais quel jeune immortel de mon feu poétique
A redoublé l'ardeur!..... C'est l'Apollon pythique;
Il veut être adoré sous des surnoms divers,
Et ce dieu des beaux arts est le dieu des beaux vers.

ÉPITRE II.

AVANTAGES,

POUR UNE DAME, D'ÊTRE AIMÉE D'UN POÈTE.

A MADAME DE T.........

(1812.)

Trève à vos ris moqueurs, Provençale Emilie!
Le don que je vous fais n'est point une folie;
Je vous offre mon cœur; sachez mieux, dès ce jour,
D'un nourrisson du Pinde apprécier l'amour.
Femme qui, d'un poète, est la nouvelle Laure,
A jusques à cent ans la fraîcheur de l'Aurore;
Ses yeux, ou bleus ou noirs, sont des astres nouveaux;
Sa chevelure d'or, tombant en longs anneaux,
Dans les airs est l'objet des baisers de Zéphire;
La volupté toujours naît avec son sourire;
Son cou, blanc comme neige, imite en sa beauté
Du cygne de Léda le plumage argenté;
Son haleine suave est le parfum qu'exhale,
Aux premiers feux du jour, la rose virginale;
De la belle Pandore, à nos regards distraits,
Elle défie enfin des merveilleux attraits.

Pour l'esprit? un poète en a trop par lui-même,

Pour ne pas en donner à la femme qu'il aime.
A ses charmes divers, à son esprit orné,
Elle joint l'art divin de l'amant de Daphné,
Dont elle a surpassé le génie et la verve.
Ouvre-t-elle la bouche? ainsi parle Minerve;
Chante-t-elle? jamais Polymnie entre nous
Ne séduisit nos sens par des sons aussi doux;
Danse-t-elle? à coup sûr c'est comme Terpsichore.
Plus d'un talent heureux chez elle brille encore :
D'un tragique sujet rend-elle la beauté?
Melpomène n'a point sa sombre majesté :
D'un comique tableau peint-elle la folie?
Quel organe! quel jeu! quel masque! C'est Thalie.
De mainte autre faveur Jupiter la combla;
Son parler est plus doux que le miel de l'Hybla;
Son maintien est celui de la chaste Diane,
Qu'effarouche un regard, un geste, un mot profane;
C'est la fière Junon pour son air imposant,
Ou la sœur de Momus pour son esprit plaisant.

Mais c'est peu des talens et d'un charmant visage :
Au poète elle doit plus d'un autre avantage.
Elle n'a qu'à vouloir, ses vœux sont satisfaits;
L'abondance a penché l'urne de ses bienfaits.
Si le sort de ses dons pour elle fut avare,
Le poète invoquant, sur le ton de Pindare,
Plutus, unique objet de ses vœux les plus chers,
Le Pactole pour elle a coulé..... dans un vers.
Veut-elle voyager dans un leste équipage?

EPITRE II.

Notre auteur met soudain Pégase à l'attelage,
Ou dirigeant sa course aux plaines de l'éther,
Lui donne pour coursier l'oiseau de Jupiter.
Pour braver tour à tour la chaleur, la froidure,
De Vénus à sa belle il offre la ceinture,
Et des grâces aussi le magique miroir,
Où les dames toujours aiment fort à se voir :
Pour couronner son front bientôt sa main galante
Va dérober d'Iris l'écharpe étincelante.
Un hôtel somptueux flatte-t-il son désir?
Qu'elle laisse au poète une heure de loisir !
Du dieu, jadis maçon, notre sublime élève,
De son étroit réduit qui vers le ciel s'élève,
Dans son noble transport, bientôt à peu de frais,
Lui bâtit sur l'Olympe un superbe palais :
Là, déité nouvelle, au gré de son envie,
Elle boit le nectar, savoure l'ambroisie.
Il fixe enfin près d'elle et les ris et les jeux.
Sera-t-elle insensible à ses chants, à ses feux?
Non : elle ne pourra résister à sa flamme ;
D'une rigueur injuste elle arme en vain son ame,
La nuit, il est vainqueur de ses attraits divins
Dans un rêve qu'il file..... en vers alexandrins.

Au poète amoureux, son orgueil et sa joie,
Elle doit donc des jours tissus d'or et de soie.
Ce n'est pas tout : l'auteur, dans l'inspiration,
Met toute la nature à contribution ;
La belle en vain parcourt tous les coins de la terre,

EPITRE II.

Partout elle a trouvé Paphos, Gnide et Cythère.
Il nous la peint debout dans un beau triolet,
Courant dans un distique, assise en un sonnet,
Rêvant dans un quatrain, sommeillant dans une ode,
Riant dans un couplet, pleurant dans une épode,
Dans une noble épître ou dans des bouts-rimés,
Contemplant ses appas avec des yeux charmés,
Colère en un rondeau dont la chute est très-riche,
Et langoureuse enfin dans un tendre acrostiche.
On la retrouve encor sous mille noms chéris ;
C'est tour à tour Ninon, Silvie, Eglé, Cloris,
Climène, Iris, Cloé, Thisbé, Zirphé, Zulime ;
Ne croyez pas pourtant que ce soit pour la rime :
Dans toute la semaine, au gré de son amour,
Il a su lui choisir un nom pour chaque jour ;
Ce n'est pas qu'il voudrait débaptiser sa belle,
Mais il aime à la voir pour lui toujours nouvelle.

Si Cupidon, jaloux, hélas ! un beau matin
Vient à trancher le fil de son heureux destin,
Il rimera soudain, rival de Callimaque,
Son oraison funèbre en style élégiaque.
Emilie, elle peut mourir tranquillement,
Les dieux assisteront a son enterrement.
Mais quoi de Dumoustier je suis les doctes traces,
Votre nom appartient à l'Almanach des Grâces.

ÉPITRE III.

A M. DELILLE,

SUR SON POEME DE LA CONVERSATION (1).

Lorsqu'autrefois ta muse embellit les jardins,
Delille, la nature approuva tes desseins;
Pour prix de tes beaux vers, le dieu des paysages,
Consacra ta statue aux nymphes des bocages.
Depuis, quand tu peignis le simple ami des champs,
Ses utiles travaux, ses paisibles penchans,
Rival de ton vieux maître en des chants didactiques,
Tu fis aimer encor ces douces Géorgiques;
Chacun dit, de ton style admirant les attraits :
C'est ainsi que Virgile eût écrit en français.
Lorsque tu coloras, sous tes pinceaux fidèles,
Des TROIS RÈGNES d'Opis les beautés immortelles,
Et que l'on vit sortir, sous ton brillant pinceau,
L'IMAGINATION, ce magique tableau;
Les vers harmonieux de ta facile veine,
Parurent plus coulans que l'eau de l'Hippocrène.
Ton front sexagénaire, honneur de l'Hélicon,
Dépouilla de lauriers les bosquets d'Apollon.

(1) *Mercure de France*, 31 octobre 1812. L'auteur visitait quelquefois l'inimitable traducteur des *Géorgiques*, qui aimait en lui une opinion formée et l'espérance du talent.

EPITRE III.

C'est peu d'avoir franchi la limite vulgaire,
Tu parais, défiant Montaigne et La Bruyère,
Dans un livre où l'esprit, s'armant de la gaîté,
Anime le miroir de la société!
C'est l'art de converser!..... Quel champ vaste et fertile!
A ce genre nouveau tu sais plier ton style.
Comme le Tintoret, tu tiens, maître excellent,
Un pinceau tour à tour de plomb, d'or et d'argent:
Ici, gai sans contrainte, et censeur intrépide,
Tu saisis des portraits le contraste rapide.
Là, ton fécond esprit, Protée ingénieux,
Se transforme à son gré pour séduire encor mieux.
Tel on voit, dans les jours de publique allégresse,
Le salpêtre, imitant notre bruyante ivresse,
Tantôt développer à nos regards surpris,
La guirlande de Flore et l'écharpe d'Iris;
Dessiner d'un palais les riches colonnades;
Faire jaillir des feux qui tombent en cascades;
Et tantôt figurant la foudre et les éclairs,
Peupler d'astres nouveaux l'immensité des airs.

Qui pouvait mieux que toi, dans des cadres propices,
De l'art de converser nous peindre les délices?
Qui pouvait mieux chanter ce plaisir ravissant,
Du monde social ce nœud doux et puissant,
Que l'élégant poète, à la grâce fidèle,
Qui, dans l'art de causer, est lui-même un modèle;
Il sait nous captiver par son accent vainqueur,
Il divertit l'esprit, intéresse le cœur;

Et, conteur toujours neuf, a, dans sa tête unique,
De traits fins et piquans un arsenal comique?

Dans un cercle ennuyeux, captif infortuné,
Hier, sans espoir de fuir, je me vis enchaîné;
Et là, je maudissais les tristes personnages,
Dont ta muse a décrit les grotesques images.
Discoureur assommant, chacun d'eux s'admirait :
Je m'esquivais...... Soudain ton ouvrage paraît.
Le babillard, fidèle à son vif caractère,
Ici ne tarit plus, tant l'écrit sait lui plaire;
Démentant son humeur, là, le mystérieux
Te proclame à l'instant peintre délicieux;
Plus loin, le beau parleur, redoublant son emphase,
Dit que le dieu du goût et t'éclaire et t'embrase;
L'égoïste lui seul, songeant à son plaisir,
S'armant du livre heureux qu'il brûlait de saisir,
Se poste dans un coin, pour jouir en silence;
Celui qui prédit tout prophétise d'avance
Que ton heureux poëme enrichira Michaud.
Pour la première fois on l'applaudit tout haut;
Celui qui se répète, en son défaut traitable,
Nous charme en redisant : il est inimitable!
Enfin les ennuyeux, signalés dans tes vers,
Admirant tes portraits, ont ri de leurs travers.

Dans ton livre où l'esprit, étincelant de verve,
Fut dicté par Momus, inspiré par Minerve,
Tu brilles sans effort, tu plais sans le savoir.

L'art, dans le genre simple, est de n'en point avoir.
Triomphe! tous les arts sont soumis au génie,
Mais abandonnes-tu le laurier d'Ausonie?
Bocages de Tibur, cascades du Lyris,
Il jura que pour vous il quitterait Paris;
Au tombeau de Virgile il promit un voyage,
Et l'arbuste immortel l'attend sous son feuillage.
Oui, sans doute; de Pan, de Flore et de Palès,
S'il déserte une fois les rustiques palais,
Ce poète Nestor ramènera sa muse
Des berceaux de l'Eden aux rives d'Aréthuse.
Les mânes de Virgiles attendent des concerts,
L'heureuse Campanie à ses monts toujours verts
De son luth pastoral consacre les délices.
S'il peignit des cités les travers et les vices,
La peinture qu'il fait des sots et des méchans,
Satire de la ville, est l'éloge des champs.

FRAGMENS

D'UNE ÉPITRE SUR LE DIX-NEUVIÈME SIÈCLE.

S'il est vrai qu'Esculape, aux trépieds d'Epidaure,
Dans les débris impurs que son serpent dévore
Puise un breuvage utile à la langueur des sens;
Albin, si son reptile a des sucs bienfaisans,
Pourquoi des riches fleurs dont la pensée est mère,
Ne sort-il de nos jours qu'une liqueur amère?
Qui mêle ainsi l'absinthe au nectar de Phébus?
C'est l'oubli du talent, dégradé par l'abus.
N'a-t-on pas vu souvent, dans nos doctes annales,
Des vampires lettrés ouvrir leurs saturnales?
Hélas! rien ne guérit les cerveaux délirans;
Et le sombre Arétin ne rêvait que tyrans.
Admis dans un banquet, où son fougueux génie
Versait contre les rois des flots de calomnie,
Il étalait la chaîne et les présens divers
Dont César, en riant, avait flétri ses vers.

Mais la littérature est-elle seule en proie
A ce débordement où la raison se noie?
Par d'obscènes tableaux, le cynisme effronté
Alarme la pudeur, fait rougir la beauté;
Et prône des romans que les Amours sans honte
Font jaillir sous leurs pas des bourbiers d'Amathonte.

L'impiété des mœurs, l'athéisme des lois,
Bravent de Thémis même et le glaive et la voix;
Le sacrilége gain dans les arts s'évertue,
A des besoins pervers le peuple s'habitue.
Tout prend vers la fortune un criminel essor:
Le scandale, aux talens, ouvre ses mines d'or;
Et dans ce grand bazar où combat l'industrie,
La morale indigente accuse la patrie:
La lyre, le pinceau, le ciseau, le burin,
Succombent lâchement dans ce siècle d'airain.
O du corps social douloureuse blessure!
On rappelle ces jours où, libres de censure,
D'ardens Masaniels remplaçaient, en hurlant,
La couronne des lys par un bonnet sanglant:
La licence est au comble, et le mal se consomme.
C'est peu d'être assiégé des portraits du grand homme:
Un cadre audacieux, des arts tribut ingrat,
Figure un roi martyr près du hideux Marat,
Et l'auguste famille est là comme enchaînée
Au lâches proconsuls qui l'ont assassinée.
Cœurs vils, préférez-vous, par un triste abandon,
La haine au repentir, et le crime au pardon!

D'où naît ce grand désordre, où remonte sa source?
Est-ce aux jeux inconstans de la mobile bourse?
Non, déplorable effet de la chute des mœurs,
Le langage subit l'égarement des cœurs;
L'esprit déclamateur, né de la violence,
Se rit de la raison, la condamne au silence.

Ce que l'on pense mal peut-il s'énoncer bien?
Oui, me répond *l'Album;* pour moi, je n'en crois rien.
Ainsi, pour étouffer un noble et pur langage,
Du romantisme obscur le ronflant verbiage,
Torturant tous les mots par l'usage adoptés,
D'une langue à la mode invente les beautés.
. . . .
. . . .
Quoi! les arts, usurpés par les fausses doctrines,
Comme leurs monumens tomberaient en ruines!
Sur le front du pouvoir, fier d'un peuple nouveau,
L'orgueil ose lever son absurde niveau;
De l'art de Guttemberg, ô coupables merveilles!
Quel démon pamphlétaire assourdit nos oreilles
D'immorales chansons, de vers injurieux
Aux saintes vérités qu'adoraient nos aïeux.
Le peintre de Zaïre, et l'auteur d'Héloïse,
L'un se jouant du sceptre, et l'autre de l'Eglise,
N'ont-ils pas, contempteurs de leur siècle brillant,
Fait déplorer l'abus d'un sublime talent,
Et de leurs passions glissé la perfidie
Dans les vastes feuillets de l'Encyclopédie;
Le premier, du clergé narguant les saintes lois,
Prostitua l'encens aux ennemis des rois;
Quand le second, rêvant une folle patrie,
Corrompait la jeunesse au bois de Meillerie.
Quels regrets pour la France! Elle admirait en eux
Du siècle de Pascal les héritiers fameux.
Le mal fit des progrès; au nom de Dieu lui-même,

La révolte en haillons exhala le blasphème;
Un club séditieux enfanta Mirabeau:
La monarchie en deuil vit creuser son tombeau.
Quel désastre!..... Et ces maux qui troublèrent le monde
Dans l'abus du talent eurent leur source immonde.
Et pourtant, si Voltaire en notre âge eût vécu,
Par ses propres erreurs il se fût convaincu
Que l'on pouvait, du siècle improuvant les miracles,
Siffler ses écoliers et berner leurs oracles.

Fille de Port-Royal, la chaire de Rollin
Voit de l'astre du goût le rapide déclin:
La jeunesse à Clio consacre ses journées,
Aux leçons de l'orgueil tristement condamnées:
Le sophisme y réside, un bandeau sur les yeux.
Ranime-toi, Lebeau, reviens, maître en ces lieux,
Faire aimer aux enfans de cette école ingrate
Les éloquentes fleurs que semait Isocrate!

. . . .
. . . .

Fier de l'emploi du tems qu'au studieux amour
L'Echo parisien signale chaque jour,
Pénétrons, cher Albin, les boudoirs littéraires!
Là, nos jeunes savans lisent à leurs confrères
Des mémoires menteurs d'obscurs contemporains,
Où d'honnêtes bourgeois parlent en souverains;
Et le thême, altéré par fraude ou par scrupule,
Nourrit de ces lecteurs l'avidité crédule.

De quels faux documens les esprits sont imbus!
C'est une école à part, mais que d'auteurs de plus!.....
Quel essaim..... Chacun d'eux d'abord se déifie,
Imposant son image à la lithographie,
Et de nos Grévedons les crayons ingénus
Coiffent du rameau vert d'illustres inconnus.
Du gain, non de la gloire, ils ont l'amour insigne;
Trop heureux qu'un journal, à trente sous par ligne,
Leur livre un feuilleton que jadis sans effroi
A leurs tristes dépens eût égayé Geoffroi.
Paris n'a plus pour eux d'annonces obligeantes,
Disent-ils; contemplez ces affiches géantes,
Que l'on veut fuir en vain, comme ces écriteaux
Qui, devant le Palais, sur d'infâmes poteaux,
Au passant tout honteux du hasard qui l'amène,
Font lire forcément et le crime et la peine.
D'où sortent, cher Albin, ces légions d'auteurs,
Tous grands réformateurs, grands versificateurs,
Qui pour un mince écu, de leur affront complice,
Entraînent Apollon aux bancs de la police?
Veux-tu rire? Abordons Paul, constant lauréat,
Qui, toujours pour le prix s'inscrivant candidat,
Pilier de l'Institut, où, grâce à lui, l'on baille,
Est homme à fournir l'or pour frapper sa médaille.
Il n'est pas seul, suis-moi! Leur muse, sur vélin,
En vingt formats pompeux vieillit chez Gosselin;
Là, du baron Lindor les plaintives ballades
Languissent sous le poids de ses odes malades.
Là, cent poëmes goths resplendissent de loin,

Qu'Arachné de sa toile investit avec soin.
Faut-il donc que Dorante, aimé de Calliope,
Du manteau romantique avec eux s'enveloppe,
Et multiplie à l'œil du lecteur sérieux
Des demi-vers, suivis de points mystérieux?
Je voudrais débiter d'ironiques sornettes
Au grand Cantorinus, cé Tyrthée en lunettes,
Troubadour patenté des festins libéraux;
Je n'ose, par respect, citer ses chants moraux,
Ni son art d'aiguiser, pour enflammer nos bardes,
Les traits fins du couplet dans des strophes bâtardes.
Favori de Momus, plein de verve et brillant,
Tel du gai Désaugiers ne fut point le talent,
Quand sa muse caustique, en ses écarts polie,
Enchaînait la raison au char de la folie.

L'heure est donc arrivée, où du Pinde français
La froide politique absorbe les succès;
Où l'esprit de parti, dictant les renommées,
Bâtit deux Hélicons, invente deux armées.
Qui ne rend pas justice aux modernes Chevert?
De festons belliqueux leur front brille couvert;
Toutefois, à l'honneur ne vouant qu'un seul culte,
Des vanités du siècle étouffant le tumulte,
J'aime en nos vieux guerriers la gloire des nouveaux,
Et balançant mon choix sur des lauriers rivaux,
Je livre au pur encens des autels de l'histoire
Des noms qu'a trois cents ans salués la victoire.
Noble France, un Condé.... ce nom parle à ton cœur;

A la fidélité je consacre l'honneur.
Quel poète, échappé d'une gauloise école,
Désavoua jamais les prodiges d'Arcole,
Les palmes d'Austerlitz et les cyprès d'Eylau?
Le sol français n'a plus qu'un peuple, qu'un drapeau.
Pourquoi tant déclamer? Qui dispute à la gloire
Le soldat conquérant que suivait la victoire,
Ou l'aigle usurpateur, de sa chute effrayé,
Qui pleure aux mers d'Atlas son sceptre foudroyé?
Personne; et nos guerriers, long-tems rivaux sans tache,
Ont rallié leurs fronts sous le même panache.
Où tendent ces clameurs? Serait-ce que Paris
Doit parfumer d'encens les factieux écrits,
Ou, par un fol oubli des sages convenances,
Pour doter la sottise épuiser ses finances,
Sourire aux calembourgs que lance un *Figaro*
Sur qui, chaque matin, j'entends crier haro.
Faut-il enfin, soumis à des journaux funestes,
Payer au poids de l'or des langues plus modestes,
Et ravir au public le bonheur de juger
Qu'un solennel mépris est l'art de s'en venger?
. . . .
. . . .

Muse, accours! du soleil la lumière est mourante;
Le lys va t'ombrager de sa neige odorante;
Au tombeau de Delille enchaîne mon essor,
Le Printems d'un Proscrit charme son ombre encor.
Là, je veux sur son front, loin des fous romantiques,

Effeuiller le trésor de nos roses classiques ;
Et que la piété d'un luth religieux
Résonne sur sa cendre, et soit l'écho des cieux.
Vainement Henri trois, pour sa cour idolâtre,
En style de Ronsard bégaie au grand théâtre.
Je laisse un public juste assimiler gaîment
La vertu de ce drame au poignard de Clément.

Des siècles novateurs c'est une conséquence,
Que le peuple y sourit à la fausse éloquence ;
L'orgueil sème l'erreur que suit l'impiété,
Ce fléau, ver rongeur de la société.
Sans craindre au Vatican que la foudre s'allume,
Un aumônier de Mars guerroie avec sa plume ;
Sur un taux frauduleux qu'on ne soupçonnait plus,
D'avares financiers promènent leurs écus.
Assise à son comptoir, la boutiquière Elvire
Lit Benjamin Constant ou caresse la lyre,
Pendant que ses commis, narguant les acheteurs,
Peignent leurs faux toupets et jugent les auteurs.

TABLE

DES MATIÈRES CONTENUES DANS CE VOLUME.

Pages.

De la Poésie lyrique chez les anciens et les modernes. v

ODES.

LIVRE Ier.

ODE I. Les Obsèques de Louis IX.	3
II. Aux Princes chrétiens, contre les régences barbaresques.	7
III. La Mort de Larochejacquelein, à M. Charles Nodier.	13
IV. L'Exil du Poète.	18
V. La Mort de l'infante d'Espagne.	23
VI. Les Malheurs de la Grèce.	26
VII. La Destruction de la flotte turco-égytienne dans les eaux de Navarin.	32
VIII. La Délivrance du royaume.	36

LIVRE II.

ODE I. Le Génie du Christianisme, à M. le vicomte de Châteaubriand.	39
II. Le Testament de la reine de France.	44
III. L'Héroïque dévouement de Lamoignon-Malesherbes.	47
IV. L'Impiété du siècle, à mon cousin P. F. de Bausset-Roquefort, archevêque d'Aix.	52

TABLE.

	Pages.
Ode V. Israël de l'Egypte, etc.	57
VI. L'Entrée du Roi à Paris.	61
VII. Les Deux Gloires.	65
VIII. Cantique de Moïse, après le passage de la Mer-Rouge.	69
IX. Les Tombeaux expiatoires.	72
X. La Prédiction.	76

LIVRE III.

Ode I. La Naissance de Mgr le duc de Bordeaux.	81
II. La Révélation d'Orphée.	84
III. Le Centenaire des Invalides.	88
IV. La Petite Maîtresse.	91
V. La Révolte des Cortès.	94
VI. Le Café.	97
VII. A M. Joubert.	103
VIII. Le Duel.	106
IX. La Mort de Girodet.	109

LIVRE IV.

Ode I. Camoëns.	115
II. L'Imagination.	121
III. Aux Français.	125
IV. Le Printems.	130
V. Le Jaloux complaisant, à Aglaure.	133
VI. La Reddition de Cadix.	135
VII. La Prose poétique.	139
VIII. L'Attentat du 13 février 1820.	142
IX. Au lord Byron, sur la violation des ruines de la Grèce.	146
X. A M. le comte Emeric de Narbonne-Pelet, gentilhomme de la chambre du Roi.	151
XI. De Sèze.	153
XII. L'Hiver de 1829.	157

TABLE. 333

LIVRE V.

	Pages.
CANTATE I. Le Génie musical, à M. Paër.	161
II. Pygmalion.	165
III. Les Bacchanales, d'après un vase antique.	169
IV. Jeanne d'Arc.	175
HYMNE I. De Simonide.	180
II. D'Arion.	182
III. D'Erynne.	184
IV. De Tyrtée.	185

POËMES.

POEME I. Le Poète au mont Pausilippe, à M. le duc de Chevreuse. 189
    II. Le Village abandonné, traduit de Goldsmith. . . . 195
    III. Le Moucheron, poëme traduit de Virgile. 215
    IV. Les Bergers de Vincennes, églogue. 233
    V. Les Lusiades, poëme traduit de Camoëns. 247
    VI. La Veillée des armes, à l'occasion du sacre du Roi; à M. le duc de Luxembourg, capitaine des gardes-du-corps. 279
    VII. Les Etudes du Peintre, à M. Granet, membre de l'Institut (Académie des beaux-arts). 289

EPITRES.

ÉPÎTRE I. A un jeune Elève en sculpture. 305
    II. Avantages, pour une dame, d'être aimée d'un poète; à Mme de T***. 315
    III. A Monsieur Delille, sur son poëme de la Conversation. 319
Fragment d'une Epître sur le dix-neuvième Siècle. 323

FIN DE LA TABLE.

1892

www.ingramcontent.com/pod-product-compliance
Lightning Source LLC
Chambersburg PA
CBHW070448170426
43201CB00010B/1258